这才是清朝

鹿鼎公子◎著

3

第2版

康熙大帝

中国法制出版社
CHINA LEGAL PUBLISHING HOUSE

总序

清史洋洋洒洒近三百年，三百年间怪事、奇事、惨事、恨事迭出，三百年年年都精彩，年年都有挥之不去的喜怒爱恨。整个清朝三百年，道不尽的风云爱恨。

努尔哈赤以十三副铠甲起兵，建立了后金，身后留下了无数的尸体，却最终倒在宁远城下，栽在“书生”袁崇焕手中，这是对一个暴力征服者的最大讽刺。随后，努尔哈赤诸子开始斗智斗勇，最后皇太极靠谋略成功上位。

皇太极穷其一生的精力都在与明朝对抗，不幸暴毙后，大清国的统治陷入危机，多尔衮与豪格之争最终便宜了顺治。多尔衮率领清军入关后，成为皇父摄政王，将全国军政大权操于一手，顺治完全被架空。此时，孝庄和顺治母子随时都有生命危险，危难关头，孝庄稳住多尔衮，终于使大清逃过这一劫。

顺治是个痴情天子，亲政后经常跟母亲孝庄闹不愉快，结果自己和董鄂妃双双早逝。康熙继位时年仅八岁，不过这是个早熟的孩子，也是个很有天赋的孩子，很早就懂得帝王之术。在别人还是懵懂少年时，他就已经像个猎人一样盯紧了鳌拜，除掉鳌拜之后，康熙终于有机会施展自己的雄才大略。

康熙神不知鬼不觉地除掉鳌拜，平定三藩之乱，收复台湾，荡平准噶尔，击退沙俄……

雍正在治国理念上最大限度地奉行韩非子的法家思想。乾隆是个自作聪明的皇帝，他继位后，废除雍正的严刑峻法思路，重新走康熙的路子。但乾隆并不懂康熙真正的治国精髓，结果变成了外用儒术、内用权术，所以清朝在乾隆时期开始走向衰落。

自乾隆后期，动乱纷起，尤其是白莲教起义几乎波及整个中国。到了嘉庆手中，国家元气已大伤，嘉庆虽然是个仁君，可惜终究没有先祖那份雄才。他虽然减缓了国家的衰败，但始终没能重振大清的雄风。到了道光手中，国家就更惨了，第一次鸦片战争被英国人欺负得够呛，国内的动乱更是风起云涌。

咸丰就更悲剧了，太平天国和天地会起义，全国天翻地覆。更糟的是英法联军来了，他连京城都保不住，年仅三十岁便郁郁而终。咸丰死后，朝政大权掌握在慈禧手中，国家每况愈下，虽然中途出现过洋务运动和维新变法，可惜终究是昙花一现。

清末虽然出现了曾国藩、左宗棠这样的中兴名臣，但亡局已定。最终，辛亥革命一声炮响，末代皇帝溥仪退位。

千古帝王，悠悠万事，功过自有百姓言，清朝这些事儿，就交给读者去慢慢品味吧！

序言

提起康熙，有人说他是千古一帝，有人说他是罕有的圣王。不过说真的，康熙确实是清朝最出色的一个帝王，他的一生，守成固然不是问题，开疆拓土更是奠定了大清辽阔的版图。

康熙小时候是一个非常用功的孩子，孜孜不倦地学习儒家的经典。在骑射方面，康熙的成绩也非常不错。在政治上，康熙就更早熟了，十四岁便用计擒拿鳌拜，铲除了心腹大患。

在二十岁的时候，康熙做出了一个危险的决定：撤藩。这个决定虽然最终完成了国家的统一，但也差一点让大清国走向灭亡。事后，康熙也认识到这个决策过于冲动鲁莽，因此在治国方面如履薄冰小心翼翼，不敢有丝毫的掉以轻心。

康熙是一个善于从错误中吸取教训的皇帝，随着执政经验的积累，治国和用人才能逐渐臻于化境。施琅原是郑芝龙手下的一员海军大将，后来与郑芝龙的儿子郑成功发生矛盾，郑成功杀了他父亲，他不得已投降清朝。投降清朝后，施琅一直没有得到重用，收复台湾时，康熙想到了这个人，冒险一用，施琅果然不负所望，没有费多大力气就收复了台湾。

后来，俄罗斯人侵犯清朝边境。康熙恩威并施，击败外敌的侵略，打得俄罗斯人心服口服，与清朝签订《尼布楚条约》，换来了边境一百多年的和平。在康熙的对外手腕中，明眼人能感觉到其中的黄老之术，不卑不亢，刚柔并济，不到万不得已的时候不动武，总是先示人以仁义，人不知好歹，最后才以武力取胜。

康熙对付草原枭雄噶尔丹就更加精彩了。他对噶尔丹的政策是欲擒故纵，让噶尔丹自己走向不仁不义的不归路。最后，康熙力排众议，三次亲征，终于击垮噶尔丹。噶尔丹被击垮后，西北一带的各方势力都臣服在清政府的威权下。

西藏问题也非常棘手。西藏发生叛乱之后，出现了“真假达赖”之争，康熙派军队入藏平叛，设立军政府，对西藏地方政府进行改组。从此以后，清政府在西藏设立驻藏军队，西藏成为大清版图的一部分。

作为一个皇帝，康熙是非常成功的，但是作为一个父亲和丈夫，他身上有着太多的悲剧。他最爱的是原配孝诚仁皇后，但孝诚仁皇后只活了二十岁。孝诚仁皇后的儿子胤礽很早就被立为太子，在众多皇子中，康熙对胤礽的爱最为深厚。可惜，偏偏这个胤礽是个忤逆不孝的儿子，当了近四十年的太子，时时盼望康熙早日归天。

康熙对这个儿子爱之深恨之切，两废两立，可惜太子终究是朽木难雕。最后直到康熙逝世，他都没有确立继承人。所以雍正即位之后，世人多传说他是弑父夺嫡。这对一个雄才大略的皇帝来说，确实是一个大悲剧；然而人无完人，我们又怎么能苛求康熙呢？

目录

第一章　康熙来了

康熙十六岁，亲政不满两年，用现在的话说还是一个花季少年。但是这个花季少年绝对没有心思去谈情说爱，卿卿我我，他的面前有一头巨大的老虎，他必须打掉这个老虎。不管是为自己，还是为大清江山，或者是为祖母，他都不能逃避，他唯一的选择就是打掉这个老虎。

康熙降临

顺治十一年（1654年）三月十八日是一个不平凡的日子，这一天清圣祖康熙降临人世。

康熙原名爱新觉罗·玄烨，是顺治的第三个儿子。康熙是满汉混血儿，他的母亲佟佳氏的祖先是汉人。佟佳氏的父亲是固山额真佟图赖，先祖本是汉人，以经商为业。古代经商不像现在，可以注册一个公司，在一个固定的地点经营。古代经商总是要迁徙，全国各地奔走，佟家人就这样全国各地跑，最后在抚顺落脚。

我们知道抚顺是火线区，当时大明和后金这两家“公司”都在争夺抚顺。据说，佟氏的叔祖父养性倾向于后金这家后起之秀，暗中与努尔哈赤勾结，被明朝发现了，将他逮捕入狱。进了监狱后，养性玩起了真人版的越狱游戏，还真的越狱成功，之后投奔后金，得到努尔哈赤的赏识。

努尔哈赤对于投降的人从来都是欢迎的。为了表彰养性弃暗投明，努尔哈赤将宗女嫁给他。这样一来，养性就变成了努尔哈赤的亲戚，身价倍增。不久，养性的哥哥养真，也就是佟氏的祖父领着全族人投奔后金。

在皇太极时代，养性被提拔为汉人的昂邦章京，相当于明朝的总兵。也就是说，养性是汉人军队的总司令，这个总司令比后来的总司令权力还大，他不仅拥有军队的最高指挥权，还有汉人的行政管理权。

崇德七年（1642 年），皇太极设立汉人八旗的时候，佟氏的父亲佟图赖升任正黄旗固山额真，相当于正黄旗的老总。清军入主中原时，佟图赖立功不小，所以在顺治十三年（1656 年）加封为太子太保。官位的显赫，让佟家跟皇室的关系更加密切。佟图赖因此有机会将女儿嫁给顺治。佟佳氏嫁给顺治后，十五岁生下玄烨。虽然佟佳氏很少得到顺治的爱情滋润，但玄烨继承大统后，佟佳氏被尊为皇太后，也算是一个有福气的女人。

康熙也是个孝子，他当皇帝后，为了表达对母亲的感恩之心，将舅舅佟国纲率领的汉军提升为满洲镶黄旗。

所以说，康熙是一个标准的“混血儿”。

康熙的出身非常好，但他的生活也不完全是幸福的，首先他缺少母爱。根据清朝皇家规矩，皇子生下来后，生母不需过问，一律交给特定的保姆抚养，事实上很多朝代都有这种规定。这个规定虽然无情，但它真正的目的当然不是反对天伦之情，而是为了防患未然，以防后宫干政。事实上，康熙缺失的不仅是母爱，父爱也是少得可怜。顺治是个对家庭很不上心的人，不管是对妃嫔，还是对孩子，他都表现得非常冷淡。

康熙出生后就远离了生母，每隔几月母子才能见一次面；而且见面之后，约束很多，活生生就像探访监狱里的犯人，母亲不能跟子女过于亲密，孩子长大后，母亲不能跟孩子说太多的话。

清初流行天花，顺治就是因此而死。在康熙两岁的时候，为了躲避天花，乳母带他离开紫禁城，住在北京西郊的一个寺庙里。不过，康熙还是没有逃脱天花的侵袭，最终也感染了天花。幸运的是，康熙没有死，只是在脸上留下了麻子。大难不死必有后福，康熙后来当上皇帝还得感谢这次天花。

康熙晚年回顾幼时经历时曾说：“朕幼年时，为了避痘，跟着保姆离开紫禁城，没有在父母膝下享有一天的天伦之乐，现在想来深感遗憾。”

从感情上来说，乳母跟皇子之间的关系比生母更密切。乳母不光抚养皇子，还负有教育皇子的重任。所以在清朝皇室中，乳母的地位是很高的。如果皇子登上帝位，一般会加封乳母，不少乳母的家族就是因此而大富大贵，比如《红楼梦》的作者曹雪芹的家族就是这么起来的。

康熙的乳母孙氏是正白旗汉军一个下级军官曹玺的妻子，康熙即位后，封曹玺为江宁织造，孙氏为一品诰命夫人。曹玺死后，长子曹寅接替江宁织造的职位。康熙南巡的时候就是住在曹寅家里，有传言说江宁织造其实是大内密探，负责为康熙搜罗江南美女，同时收集地方的信息。

晨钟暮鼓——康熙的读书生涯

离开乳母后，康熙主要是跟太监们玩耍，太监们既是他的仆人，又是他的玩伴。这时候，负责康熙教育责任的主要是祖母孝庄太皇太后。

孝庄自感在顺治身上的教育失败，所以对孙子们要求非常严格。康熙刚刚能够走路说话时，孝庄就着意按照帝王的标准训练他，饮食、言行、举止都有严格的要求。在康熙五岁的时候，孝庄让亲信侍女苏麻喇姑教他学习满语。

苏麻喇姑心灵手巧，知书达理，做事很有分寸，是一个优秀的老师。根据史料记载，苏麻喇姑要求非常严格，几乎是手把手地教康熙识字书写。所以，在现代影视作品中，苏麻喇姑居然和康熙玩起了恋爱游戏，这当然不太可能，苏麻喇姑至少比康熙大四十多岁。

八岁那年，康熙当上皇帝。孝庄以太皇太后的身份辅政，呕心沥血地把康熙教育成一个好皇帝。康熙十岁的时候，生母逝世，孝庄将康熙收养在慈宁宫，耳提面命，朝夕教诲。康熙后来回忆说，如果没有老祖母的教诲，断不至于有自己的今天。可见，孝庄对康熙的影响。

清初，对皇帝的要求非常严格。大家很明白，只有把皇子们培养成贤明能干的人才，才能治理好国家。所以，从幼年开始，皇子们就必须用功读书，锻炼身体，努力朝文武双全的方向发展。到了五岁，皇子们必须去上书房读书，由宫中专门聘请的师傅教授学问。这些师傅在皇帝的授意下，自然是秉着严师出高徒的宗旨，努力教出优秀学生。

一旦在上书房上学后，皇子们必须按时上学，绝对不可以迟到旷课，否则会受到惩罚。在紫禁城的神武门上设有更鼓，五鼓打更的时候，皇子们就必须赶到上书房。这时候，天色微明，大家都在睡觉，即便是皇宫中，也只有少数供役的人在忙碌。皇子们就在太监的引领和敦促下，进入上书房，老师们早已等在那里正襟危坐。

老师教他们读书、写字、背诗文。到了中午，侍卫们给皇子送来午餐，吃完之后，继续学习。下午时候，侍卫会送来点心，吃完之后练习骑射，到了薄暮的时候，一天才算结束。可以说，这种学习强度不比现在的高考生小，做皇子也不容易。

在众多皇子中，康熙不论读书还是骑射都是非常认真努力的。根据史书的记载，康熙每天读的书，一定要背下来，从来不肯欺骗自己，凡事都非常认真，巨细无遗。如果碰到不懂的地方，康熙一定请教老师或者同学，直到自己真正理解其中的意思，绝不蒙混过关。《清实录》记载，康熙五岁后，好学不倦，经常通宵达旦读书，对于帝王之道、圣贤心学和六经要旨等等，无不融会贯通，不仅知其然，而且知其所以然。

在骑射方面也是这样。康熙曾经跟一个叫墨尔根的侍卫学习骑马射箭，康熙回忆说，墨尔根要求非常严格，只要有任何小的姿势或者方法不对，他就立刻指出来，一丝不苟。墨尔根认真负责的态度给康熙留下了深刻的印象，不仅让康熙学得一身精湛的骑术，更让他从这种训练中感受到了治国之道。

少年天子

顺治十八年（1661 年）正月初七，这一天对大清国来说是一个非常重要的日子，顺治帝因为染上天花，在养心殿驾崩。

第二天，京师实行全城戒严，文武百官全部待在紫禁城里听候命令。大家的心情都非常忐忑，不知道接下来会发生什么。在中国封建社会里，高层的安排总是神秘的，在事情没有公布之前是绝对不会让外界知道的。

一切都充满了悬念，谁将继承大统成为大家心里最好奇的问题。

初九，大家心中的谜底终于解开。三皇子玄烨出现在大家的面前，他身穿孝服在父亲灵前宣读告文。玄烨一出场，大家心里就有底了。行过三跪九叩之礼后，玄烨换上礼服，前往慈宁宫问安。

一切该走的程序都走过后，玄烨来到太和殿，宣布登上皇帝宝座。大家紧张的心情终于平复了下来，只见坐在龙椅上的玄烨宣读贺表，宣布大赦天下，并于第二年定为康熙元年。说到这里，得解释一下，新皇登基，只要不是通过谋反改朝换代，出于尊重先皇的原因，一定要第二年才能改元。当然，也有例外，比如宋太宗赵光义，在宋太祖死后不久就改元太平兴国，正因为过于仓促，显得急不可耐，所以大家都怀疑他弑兄篡位。

玄烨当上皇帝，很多人没有料到，因为玄烨是庶出，而且脸上有星星点点的麻子，不太雅观。

顺治生前，跟他老爸一样，没有考虑继承人的问题。顺治最爱的女人是董鄂妃，原本想册立董鄂妃的儿子为太子，可惜这孩子死得太早。从此之后，顺治再也没有提及接班人的事情。

直到临死前，他才考虑这个问题，不过他并没有要把皇位传给玄烨的意思。临终前，顺治想把皇位传给堂兄弟，这个想法在汉族看来有点奇怪，但是在满族并不奇怪。满族最开始实行的是军事民主制，努尔哈赤创立了和硕额真制度，这个制度其实就是削弱君权。而且中国自古就有“国赖长君”的说法，顺治的孩子们都太小，如果立小皇帝的话，他也担心多尔衮擅权的事情重演。

在顺治最后的几天里，召来了礼部侍郎王熙，让王熙记录他的临终诏书。王熙本来就很紧张，听到顺治的遗言更加紧张。这些遗言是什么，我们不得而知，但肯定事关重大，而且非常敏感。后来王熙三次篡改诏书，有人怀疑幕后指使者就是孝庄太后。

顺治到底跟王熙说了什么，没有人知道，王熙此后对此事绝口不提，把秘密带进坟墓里。

继承人问题关系的不只是个人问题，还是集团利益的问题，一个继承人后面是一个庞大的派系。顺治想立堂兄弟为帝，自然会引起以孝庄为首的势力不满，孝庄是一个保守谨慎的女人，绝不允许政治大洗牌的事情发生。在孝庄看来，大清的政治洗牌即使不会引起动乱，至少也会引起震荡。

顺治想立堂兄弟，这个堂兄弟究竟是谁呢？

有人推测是和硕安和亲王岳乐。岳乐是努尔哈赤的孙子、阿巴泰的儿子，时年三十七岁。岳乐不光有政治资历，而且战功彪炳，更重要的是他一直都是顺治的支持者。换句话说，在顺治和孝庄唱对台戏的时候，他总是站在顺治这一边。从思想上来说，岳乐是一个开明派，积极主张汉化。

玄烨当上皇帝看起来无风无雨，波澜不惊，实际上帝国内部暗涌四起，稍有不慎就可能引起惊涛骇浪。久经风浪的孝庄将这一切控制在无声无息中，不愧是一个高明的政治操盘手，妙手控局，无风无雨。

孝庄是一个智慧的女人，她不仅稳定了一个庞大的帝国，还为帝国选了一个杰出的领导者。那时玄烨不过八岁，孝庄为什么会选中他呢？

当时备选的主要是皇二子福全和皇三子玄烨，这两人都是庶出。事实上，由于顺治对皇后很不感冒，顺治的孩子基本都是庶出，他从没有跟任何皇后生下过一儿半女。

庶出不要紧，玄烨至少还得跟福全比一比，福全比他年长，这是福全的优势。但是，福全也有自己的劣势，首先一点就是，福全没有患天花，脸上没有麻子当然雅观一点。可是，当时满人对天花视若魔鬼，如果有一天福全不小心患上天花一命呜呼，这大清国岂不又要折腾一番。玄烨得过天花，所以汤若望说："立玄烨啊，这孩子得过天花，以后命长着呢！"

如果认为玄烨当上皇帝完全是因为天花也不全对，玄烨也有个人素质方面的优势。

在玄烨五岁的时候，曾经和福全、常宁一起去向父皇问安。顺治不知为何，心血来潮，问这些小孩们将来有什么志向。常宁那时才三岁，连志向是什么东西都不知道，自然无法回答，只能沉默。福全回答说：“愿意做一个贤王。”从福全的回答中，可以看出这个人没什么远大的志向。玄烨回答说：“我长大后一定要效法父皇，为国家竭忠尽力。”玄烨的话说得很漂亮，其实就是想当皇帝，大家都觉得这孩子不一般。

玄烨明显比其他孩子机警聪敏，孝庄选定他应该说是有眼光的。

四大辅政大臣

大清以前是由摄政王辅政的，多尔衮的精彩表演让顺治寒透了心，最后弄得国家只知有摄政王不知有皇帝的地步。

为了避免历史重演，这次绝对不能再让亲王摄政了。孝庄为帝国挑选了四个辅政大臣，在这四个辅政大臣中，鳌拜虽然排名末位，却又是名声最大的。

第一个辅政大臣是索尼。索尼不是一个品牌，他姓赫舍里氏，满洲正黄旗人，是清朝不折不扣的元老。努尔哈赤时代，他在文史馆工作，那时还非常年轻。皇太极时代，他混上三等甲喇章京，相当于明朝的游击将军。皇太极死后，索尼坚定支持立皇太极的后代为帝，多尔衮摄政后，找他麻烦，将他免死赎身。顺治亲政后，召回索尼，为了表彰他的忠诚，特封他为一等世袭伯，并升任内大臣兼议政大臣。索尼是四朝元老，两朝顾命大臣，在四辅臣中列居首位，大家是没有意见的。

第二个辅政大臣是苏克萨哈。在四个辅政大臣中，苏克萨哈的出身最为特别，他是满洲正白旗人，以前是多尔衮手下的一个得力干将。苏克萨哈的父亲苏纳一路跟随努尔哈赤出生入死，最后得到赏识，被努尔哈赤招为驸马。苏克萨哈凭借着这层身份，仕途一帆风顺，再加上他本人才干确实不错，在皇太极时候，他就当上三等甲喇章京。多尔衮摄政后，他混上议政大臣的职位，并累进一等公。多尔衮去世后，苏克萨哈又敏感地意识到政治风向的改变，及时告发多尔衮“阴谋篡逆”，因此受到顺治的重用，顺治提升他为镶白旗护军统领。后来在围剿农民军过程中，苏克萨哈晋升为领侍卫大臣，加太子太保头衔。顺治弥留之际，苏克萨哈在皇帝床前泪流满面，表示要为顺治陪葬。顺治对他说：“你不知死是一件很容易的事情，但是帮助新皇治理国家是难事吗？”

苏克萨哈是一个非常精明的人，他当上第二辅政大臣我们一点也不奇怪。

第三个辅政大臣是遏必隆。遏必隆跟后来的大贪官和珅同姓，钮祜禄氏，满洲镶黄旗人。遏必隆的父亲是清朝开国功臣额亦都，母亲是和硕公主。皇太极时代，遏必隆承袭一等昂邦章京，相当于明朝的总兵。多尔衮摄政后，遏必隆挨陷害，被籍没一半家产，削职为民。顺治亲政后，遏必隆官复原职，还特封为一等公；没过多久，又荣登议政大臣行列，累加少傅兼太子太傅头衔。

第四个辅政大臣也是最具争议的一个人物，这人叫鳌拜。由于在现代的影视作品里，鳌拜出场的频率实在太高，所以大家都对他有个最基本的了解。无论在哪部电视电影里，鳌拜给人的感觉都是高大威猛、嚣张跋扈，连大清皇帝都不放在眼里。让我们从正史的角度来了解一下这个人。

鳌拜姓瓜尔佳氏，满洲镶黄旗人。鳌拜是一个典型的军人，可以说是皇太极的铁杆家将；从鳌拜的人生履历上看，这个人确实是个有实干才能的人。皇太极一路提拔他，从甲喇额真到三等梅勒章京，再到赐号巴图鲁（勇士），然后到一等梅勒章京、护军统领，最后到三等昂邦章京。鳌拜可以说是凭着自己的功劳一步步爬上去的。多尔衮摄政后，鳌拜好几次差点被整死，最后都被顺治救了。

现在的历史小说和影视作品大多把鳌拜这个人妖魔化了，看这些作品我们觉得鳌拜这个人简直是人神共愤，死一万次都不够。鳌拜其实没有这么可恨，也是个忠臣元老。说鳌拜谋反完全是以讹传讹。不过，如果鳌拜没有谋反，为什么会落得那个下场？

鳌拜虽然没有谋反，但是擅权却是事实。鳌拜是一个个性非常强的人，性格咄咄逼人，即使他没有谋反的举动，性格和举止也构成了对皇权的挑战。康熙拿掉他也是情理之中。

我们来回顾一下鳌拜这个人在大清历届斗争中的表现吧！皇太极死后，多尔衮急欲染指最高权力，想坐稳龙椅。

这时，皇太极的家臣们不同意了，说多尔衮你要这么干，就跟你玩命，其中态度最凶的就是鳌拜。史书记载，鳌拜这个人有勇无谋，大体应该是正确的。

鳌拜勇猛到了什么地步呢？据说他臂力骇人，一箭射到门楣上，十几个侍卫都拔不出这支箭。多尔衮摄政之后，鳌拜也老是跟他过不去，用我们现在的话说，鳌拜这人缺心眼。多尔衮很想干掉鳌拜，对多尔衮来说，干掉鳌拜并不是一件难事。

这不，有一次多尔衮翻查鳌拜的档案，发现鳌拜以前犯了一个错误，于是下令捉拿鳌拜，斩立决。眼看鳌拜就要人头落地，顺治听到消息，赶快过来，救了鳌拜一命。

总之，多尔衮找了鳌拜好几次，几次都准备斩了他，结果都被小顺治救了。我们说，鳌拜这个人命大。

可惜，顺治一死，鳌拜的霉运就来了，当然霉运来的时候还让人以为是好运。康熙是鳌拜宿命克星，康熙智擒鳌拜一直传为历史美谈，真实历史可能比我们想象得要复杂一点。

鳌拜执牛耳

鳌拜的性格，是宁为鸡头不为凤尾。四位辅政大臣中，鳌拜垫底，心里肯定不会舒服。何况，排名第二的苏克萨哈是自己的死对头，不出一口恶气鳌拜实在不能罢休。

索尼年纪最大，虽然位居首位，但是精力不济，给人感觉没几个年头。索尼当然不会为了那点权力搞得自己晚年生活充满阴云，所以，索尼基本是不问世事的：你们去争吧，别干扰我的夕阳生活就行。遏必隆是个性格软弱的人，他也不会争权夺利，而是坚持明哲保身的主张。

剩下的两个就是苏克萨哈和鳌拜了，这两人都是厉害的角色。如果让两人在擂台上打一场，苏克萨哈不是鳌拜的对手；但论起智谋，鳌拜又不是苏克萨哈的对手。斗的是什么？大家一定会说是斗智，如果是这样的话，苏克萨哈似乎是会胜的。实际上，这不完全是斗智，有时候也是斗狠斗势。所以，到底鹿死谁手一时半会儿还看不清。

孝庄安排这四个人组成一个集团是非常明智的，因为，毫无疑问，这四个人无法组成一个良好的团队。要的就是这个效果，一旦组成了团队，中间必定会出现一个领导者，这个领导者一旦出现就会对大清皇权构成威胁。只有这些人斗得死去活来，才能保证康熙亲政时候收回大权不会有太大的阻碍。

从前面的介绍中我们可以看出苏克萨哈这个人头脑是非常灵活的，在四人中，他的智商是最高的。他善于交际，朝廷上下到处有他的死党，对于一些有才能的汉人，他非常虚心接纳，收到自己的门下。鳌拜想斗倒他，绝非容易的事情。

事实上，鳌拜也意识到这点，所以跟苏克萨哈结为儿女亲家。可惜，斗争你死我活，容不得半点亲情。

苏克萨哈的地位是不利的，其他三人都看他不惯。因为他以前是多尔衮的鹰犬，助纣为虐，其他三人都被多尔衮整得很惨。现在风水轮流转，三人当然希望能好好整一下苏克萨哈。

康熙四年（1665 年）九月，孝庄想册立索尼的孙女为康熙皇后，苏克萨哈立即表示反对，反对的理由特别搞笑，说这两人八字不合，不宜立她为皇后。索尼心里当然很不舒服，不过为了一个宁静的晚年，还是忍忍吧！

索尼可以忍，鳌拜就不能忍了。只有扳倒苏克萨哈，鳌拜才能走向个人权力的顶峰。

要扳倒一个人，得要有一个矛盾突破口。鳌拜选择的突破口是“易地案”。

清军入关后，曾经强行在京畿五百里内跑马圈地，分给王公贵族和功臣将士。圈地过程中难免涉及利益分配的问题，多尔衮当年想长期驻扎在永平，下令永平的地不能圈。这算什么性质的问题呢？用现在的话说就是搞特殊化。如果只是领导者一人搞特殊化，大家还能理解，你是领导没办法；但如果是整个利益集团搞特殊化呢？大家心里肯定不服气了，养一头老虎远远比养一大群狼要划算。

多尔衮把本该属于镶黄旗的好地段给了自己的正白旗，把不怎么好的地段给了镶黄旗。当时，引起了镶黄旗很多人的不满。多尔衮掌权的时候，不满没用。多尔衮死后，镶黄旗的人又开始嚷嚷，要夺回自己的地段。在整个事件中，苏克萨哈一直默不作声。

鳌拜暗中指使本旗的人给户部写信，要求将黄白两旗的地方交换。在这件事上，索尼和遏必隆顺水推舟：鳌拜你放心干，我们支持你。当时户部尚书是大学士苏纳海，他阅读讼书后，上奏说：圈地的事情已经过去了二十多年，现在大家都已经安居乐业，在土地上生活了许多年，不应该让他们迁走。

苏纳海说得也有道理，关键的问题是他本人就是正白旗的人。在鳌拜看来，苏纳海这么做是故意跟自己过不去。鳌拜决定利用自己的权力，将苏纳海置于死地。

于是，鳌拜将自己换地的奏疏和苏纳海反对的奏疏一并让议政王、贝勒、大臣们商议。商议迟迟没有结果，鳌拜竟然擅自下命令，要求换地。听说要换地，旗人和汉民都人心惶惶，这件事惊动了孝庄。当然，孝庄也没有采取什么实际的行动，只是责骂四大辅臣。

鳌拜的命令下达下去一个多月，换地的事还没弄好。鳌拜不由担心苏纳海和苏克萨哈结党坑自己。鳌拜担心计划流产，决定先下手为强，他首先要剪除尚书苏纳海、总督朱昌祚、巡抚王登联这三人，在他看来，这三人是苏克萨哈的羽翼。

鳌拜以玩忽职守的罪名将这三人逮捕，交给刑部判罪。刑部断定这三人鞭一百，除了妻妾外，一切家产籍没。事情的整个过程是逃不过康熙的眼睛的，至少逃不过孝庄的眼睛。

也许是在孝庄的授意下，康熙召集四大辅臣，询问换地之事。鳌拜坚持应该重典惩治这三人，索尼和遏必隆唯唯诺诺，附和鳌拜。苏克萨哈心里很清楚，鳌拜这是打狗给主人看，真正的目的是压制正白旗，矛头直指自己。所以，苏克萨哈一言不发。康熙也是个明白人，知道鳌拜很想置三人于死地，始终没有答应鳌拜的要求。

鳌拜这时候也许是被权力冲昏了头脑，他竟然无视康熙的态度，以“迁延藐旨”“妄行具奏”的罪名将这三人处死。苏纳海正被关押在刑部，突然看到鳌拜派来两个卫士要绞死他，居然从容不迫地说：“我是大臣，本有礼仪，快取酒来。”豪饮一番后，苏纳海让家人在地上铺了一块布，脱衣躺在上面，自己用弓弦勒死自己。朱昌祚和王登联也被处以绞刑，不过他们都没有苏纳海死得这么爽快豪气，都是被处死的。

处死这三人后，换地之事办得八九不离十了，鳌拜松了一口气。他却不知道灭亡离他不远了。

智除鳌拜

在换地一事上，鳌拜做得太过分了，他绕过一切，独断专行。不要说其他那些大臣的态度他不在乎，就是孝庄的脸色他也不看看，至于康熙反对诛杀三大臣，他更是当作耳边风。

从这以后，鳌拜的气焰非常嚣张，俨然成了四大辅臣中执牛耳者。索尼年老体迈，看着鳌拜一天比一天跋扈，心里非常忧虑。索尼当然无意和鳌拜争权，只是这样下去，他感觉国家危机重重。所以，在临死前他做了一个明智的决定。

康熙六年（1667 年）三月，康熙十四岁，索尼动员三辅臣和自己一起奏请康熙亲政。康熙以年龄尚幼为借口，让四大辅臣继续辅政。六月，索尼病逝，幸运的是索尼是四大辅臣中唯一一个善终的人。七月，康熙把索尼等人请求皇帝摄政的奏折给孝庄看，征询孝庄的意见。得到孝庄同意后，康熙决定择日亲政。

康熙亲政后并没有完全收回辅臣的权力，倒不是康熙不想收回，而是鳌拜不愿放弃手中权力，再三请求："皇上您日理万机，有那么多事情要处理，微臣怎么能不为皇上分忧呢？"

鳌拜等人仍然以辅臣身份处理军国大事，只是定期要到乾清门向康熙汇报。康熙亲政就这么变成了夹生饭，康熙心里肯定是不舒服的。

在康熙眼里，鳌拜就是个"黑山老妖"，自己的旨意大多无法执行，这个老妖完全按照他自己的意志行事，还公然宣称是圣旨。

苏克萨哈看到鳌拜的所作所为，知道机会来了，现在向鳌拜摊牌，就表明自己是支持新皇帝的。然而，苏克萨哈没料到，小皇帝后面有一个高人，投机并不能挽救他，相反，康熙可以利用他的死，除掉鳌拜，一箭双雕。

苏克萨哈突然变得强硬，以前在鳌拜面前他很低调，现在拒绝和鳌拜联名上奏，还说："教导主子，大家如果有什么看法的话，可以自行上奏，没必要一起。"

鳌拜一听，感觉不对劲，他这分明是要跟我分庭抗礼，莫非他得到了小皇帝的支持？

苏克萨哈很清楚，自己和鳌拜的矛盾已经到了水火不容的地步，为了保全性命，他向康熙提出："请皇上允许臣去为先帝守灵，这样臣才能有一线生机，保全性命，也可以报答先皇的遗恩。"

鳌拜知道这事后，立即以"辅臣称旨"的名义，质问苏克萨哈："又没人逼你，在这里怎么就不能安生？守灵怎么就可以活命？"

苏克萨哈的死期来临了，康熙却没有伸出援助之手，不知道是不敢伸，还是不愿伸。

鳌拜与同党班布尔善等人，在遏必隆家的马圈内密谋，给苏克萨哈罗列出二十四条罪状，将苏克萨哈和他的儿子查克旦凌迟处死，其他子女兄弟等全部处斩，家产籍没，连苏克萨哈的族人和前锋侍卫等都处斩。

最奇怪的是在处死苏克萨哈的判决书上，康熙是签过字的，并不是一无所知或者完全被鳌拜排除在外。康熙后来回顾此事时说："朕亲政之初，鳌拜告发苏克萨哈，并交给王公大臣审议，王公大臣们都畏惧鳌拜和遏必隆的权势，全都叩请朕杀掉苏克萨哈，朕一时精神恍惚，但朕不忍心凌迟处死苏克萨哈，所以降旨绞死……现在想来，后悔莫及。"

这事让人深思，苏克萨哈是不是完全死于鳌拜之手？显然不是，康熙显然对苏克萨哈也没有什么好感，鳌拜除掉苏克萨哈，康熙就可以名正言顺地除掉鳌拜。

整死苏克萨哈后，鳌拜更加跋扈。四个辅臣死掉了两个，只剩下遏必隆和鳌拜，本来遏必隆在鳌拜之前，上朝的时候遏必隆向来是在鳌拜的右边。今非昔比了，遏必隆是个聪明人，他觉得再这样下去，搞不好下一个被整的是自己。

一天上朝时，遏必隆故意后退几步，卑躬屈膝地对鳌拜说："我怎么好上座，大人先请吧！"鳌拜听了，哈哈大笑，也不谦虚，昂首阔步走进大殿。从此以后，鳌拜面前尽是溜须拍马之人，这也让他的覆灭成为一桩无法避免的事情。没有人提醒他：其实，鳌拜你很危险，树大招风，康熙随时会对你出手。

马屁精们将鳌拜吹捧为"圣人"，康熙迫于压力，给鳌拜的爵位也一再累加。康熙六年，授鳌拜一等公，第二年，加鳌拜太师头衔。

一时之间，鳌拜成了朝中炙手可热的人物。此时的他，春风得意，翻云覆雨，谁也不敢不给他面子。很多人依附鳌拜，其中包括兵部尚书噶褚哈和吏部尚书阿思哈。没过多久，鳌拜的党羽就把持了议政王大臣会议和各个部门的实权。这样一来，朝廷里的很多文武官员都是鳌拜一手提拔起来的，许多重要事情，鳌拜等人先是在家里私下商议。

鳌拜根据个人喜恶任用官员，把自己的亲戚朋友塞到各个部门里。对于那些不服自己的人，鳌拜不是撤职就是赶尽杀绝。譬如蒙古都统俄讷、拉哈达和宜里布等人仅仅是在议政时不肯附和鳌拜就被撤职。内大臣费扬古跟鳌拜有一些老纠葛，鳌拜将他处死，还杀了费扬古的两个儿子，并将费扬古的家产收为己有。

可以说，鳌拜基本上架空了康熙。

权力可以将一个人腐化。鳌拜之前并不是这么一个欺君罔上的人，现在鳌拜是横在康熙面前的拦路虎，不仅擅权独断，而且行止粗暴，就像一个无法无天的屠夫；在朝堂之上也不遵守礼仪，康熙在他眼里就是一个黄毛小子，他动不动就在康熙面前对大臣破口大骂。康熙曾经非常愤怒地回忆说："鳌拜这个人，在朕的面前都不知收敛，稍有不合他意的地方，便在大堂之上辱骂大臣。作为一个臣子，鳌拜在朕的面前理应心平气和地说话，可是他经常发怒，在朝堂上大吼……用人方面，完全自作主张，撇开朕……"

纵观鳌拜的所作所为，康熙除掉鳌拜只是早晚的事情。

康熙八年（1669 年），康熙十六岁，亲政不满两年，用现在的话说还是一个花季少年。但是这个花季少年绝对没有心思去谈情说爱，卿卿我我，他的面前有一头巨大的老虎，他必须打掉这个老虎。不管是为自己，还是为大清江山，或者是为祖母，他都不能逃避，他唯一的选择就是打掉这个老虎。

一个花季少年能制服得了一头大老虎吗？何况这个鳌拜

远比老虎要凶，这个任务看起来简直是不可能的。

这个世界有很多看起来不可能的事情，它们都需要人去面对，一旦你勇敢去面对，就会发现它或许没有想象中那么艰巨。

鳌拜是三朝元老，在权力场和战场上混了这么多年，早已培植了一大批党羽；鳌拜的势力渗透到大清中央的各个部门里，可以说是盘根错节、根深叶茂。如果稍有不慎，小皇帝可能打虎不成反被老虎吃掉。

康熙非常认真地思考了这件事，认为不能通过斗争的方式拿下鳌拜，因为斗争有个过程，一旦开始等于是向鳌拜发布讯号：我要办你，而这么做的结果很可能引火烧身。对于鳌拜，只能采取非正常手段，先通过非正常手段把鳌拜制服，然后再通过正常手段除掉鳌拜。

花季少年就能有如此城府，怪不得长大后变成康熙大帝。

康熙是一个非常有耐性的猎人，为了麻痹鳌拜，他韬光养晦，装成是酷爱玩耍的少年，整天和侍卫们练习摔跤，甚至在朝堂上都要着玩。鳌拜一看，康熙这小子贪玩得很，根本无心从政，鳌拜心里放松了不少，对康熙也不再戒备，经常在宫里进进出出，不再有任何戒备。

一天，鳌拜照例昂首挺胸目中无人地走进朝堂上奏，康熙突然做了一个手势，一群埋伏好的侍卫一拥而上，将鳌拜七手八脚地套牢。鳌拜还没明白发生了什么事，这些身手敏捷的侍卫就将他捆绑起来。

这种戏剧性的事情简直就像是出自文学作品中，但真真切切在历史上发生过。

很显然，这是一场有组织有预谋的活动。索尼的儿子索额图就参与了这件事。索额图当时已经是吏部侍郎，为了配合康熙擒拿鳌拜，居然进宫做了侍卫。索额图因为擒拿鳌拜有功，一个月后升任为大学士。

说鳌拜对康熙的行为毫无觉察也不对，宫中到底有鳌拜的眼线，鳌拜不可能不了解康熙的动向，不过他万万没想到康熙敢在大殿上擒拿自己；加之当时朝中全是自己的势力，鳌拜实在没想到康熙的胆子居然这么大，竟敢擒拿自己。

接下来的问题是：鳌拜号称满洲第一勇士，这些个侍卫真能制服得了他？就算人手众多，鳌拜又猝不及防，被制服了，那为什么鳌拜被抓后，他的党羽没有谋反？

事情还得从鳌拜的性格说起。鳌拜这个人作威作福已是不争的事实，但他根本就没有谋反的举动。鳌拜是异姓臣子，依据满族传统，奴才对主子必须保持高度忠诚。鳌拜从小就生活在家法严厉等级森严的满族社会里，奴才和主子的思想特别根深蒂固，骨子里是不敢谋反的。

当然这只是我的判断，鳌拜表面上是一头老虎，骨子里却并非如此。

鳌拜被抓了之后，也没有争辩，所有罪名都承认了，说明鳌拜骨子里还是认康熙这个主子的。这时，鳌拜为了保全性命，突然揭开衣服，袒露身体，露出身上的累累伤痕。鳌拜说："这是我以前为了救你的祖父留下的伤痕，要杀要剐悉听尊便。"

康熙一看，触动很大，最终免鳌拜一死，判处"无期徒刑"，鳌拜的儿子也免死。

鳌拜被捕后，遏必隆和一等侍卫阿南达等也被抓了。经过详细调查，并没有发现遏必隆有结党的痕迹，但遏必隆明知鳌拜结党作恶，却不进行弹劾阻止，被革去爵位，一等公的爵位传给儿子。鳌拜的一些党羽比鳌拜的下场还惨，内大臣兼大学士班布尔善、鳌拜的弟弟穆里玛和侄子塞本得以及户部尚书、兵部尚书、吏部尚书、吏部侍郎等人，全部处死。

对于一些趋炎附势、巴结鳌拜的小人，康熙选择从轻发落，教导训诫一番之后，继续做官。

幕后高人

很长时间以来，人们都认为康熙亲政之初，孝庄在背后遥控指挥。在许多人眼里，孝庄就是一个翻手为云覆手为雨的如来佛，康熙的主观能动性根本就没有凸显出来。如果真是这样的话，很难解释康熙后来的作为——那时孝庄已经死去了多年，康熙将国家治理得井井有条，既打败噶尔丹，又让俄罗斯服服帖帖。在康熙时代，清朝的版图达到一千三百万平方公里。

由此可见，即使康熙在十几岁的时候，也是有自己独立思维的，绝对不是任何人的傀儡，既不是鳌拜的傀儡，也不是孝庄的傀儡。所以，康熙和孝庄的关系事实上没有后人想象得那么温情：一对感情深厚的祖孙。由于处在权力的高位上，两人的关系事实上是非常微妙的。

我们先来分析一下，康熙智擒鳌拜这事情是在孝庄的授意下进行的，还是康熙“自作主张”的。

要解开这个谜并不容易，只能根据史料发现蛛丝马迹。中国第一历史档案馆里收有一份《康熙帝钦定鳌拜等十二条罪状谕》，里面的日期是“康熙八年五月十二日”，但是《清圣祖实录》里面记载康熙捉拿鳌拜的时间为“康熙八年五月戊申”，也就是五月十六日。这说明了什么问题呢？说明康熙捉拿鳌拜的时间比史书记载提前了五天，史书记载的这天实际上并不是擒拿鳌拜的时间，而是向王公大臣宣布鳌拜罪状的时间。

中间这五天，康熙在干啥呢？为什么他没有立即向朝臣宣布鳌拜的罪状？

这是一个很有意思的问题，这个问题直接牵涉到康熙和孝庄的关系。

这五天的时间里，康熙就像一个做了错事的孩子，忐忑不安，惶惶不可终日。为啥？因为捉拿鳌拜这事完全是他自己的主张，所以现在他正在等慈宁宫那边的态度。

康熙为啥事先不请示孝庄？因为他认为孝庄不会支持自己，一个是怕自己把事情办砸，另外以孝庄的性格也不会同意做这么出格的事情。四个辅政大臣是孝庄亲自选定的，康熙亲政后，孝庄又挽留辅政大臣。康熙曾经就亲政的事情亲自询问过孝庄，孝庄以一个长者的眼光说道："钱粮、刑罚这些事，事关重大，你又不太了解，如果出错了，恐怕后果不堪设想。"

毫无疑问，四大辅臣把事情搞得也挺乱的，尤其是鳌拜，但是孝庄一直坚持稳定局面逻辑，不想把问题进一步弄复杂。

一般人认为孝庄对康熙非常信任，康熙也对孝庄很信任。事实上，真是这样吗？从上面的介绍中我们可以看出，孝庄对于这个孙子能否管理一个庞大的帝国是心存怀疑的，这种怀疑非常正常，搁谁谁都怀疑，一个少年能够管理一个庞大的帝国吗？我们看看历史上那么多昏君暴君就知道了，那些人大多是成年人，结果把国家治理得一塌糊涂，而康熙还未成年呢！

当然，孝庄最担心的还是康熙身上有顺治的影子。可以说，顺治已经给孝庄造成了心理阴影，偏偏康熙身上有很多顺治的影子，比如喜欢汉文化，父子俩都有叛逆倾向。所不同的是，康熙似乎比顺治更沉稳、更细心，也更现实，但是他们父子在精神层面是相通的。孝庄对顺治更多的是否定，而康熙对顺治却更多的是认同，他觉得当时很多人没理解父亲，父亲虽然脾气暴躁，其实是一个天才的管理者，高瞻远瞩，秉性真纯。

所以，康熙亲政后，做的第一件事情就是为顺治“平反”，他想告诉世人，我老爸是被人抹黑了，没有宣传说的那么差劲。他为顺治修建了“孝陵神功圣德碑”，通过歌颂顺治含蓄地表达了对孝庄当年崇尚满洲贬低汉人的不满。

这些做法毫无疑问让孝庄很担心康熙变成下一个顺治，这可能就是孝庄为什么让辅臣继续辅政的原因。孝庄已经六十多岁了，她不想再承受折磨，不想再有任何风浪，此时的她又如何能够理解胸怀天下雄才大略的康熙呢？换句话说，孝庄只想守着一亩三分地，别出乱子就行，而康熙却想独步历史，成为开疆拓土的千古帝王。

从历史的记载来看，顺治身上的那些叛逆和敏感，康熙都继承了。但是更可怕的是，康熙比他父亲多了沉着、勇气和城府，俨然是一个经过改良修复的升级版顺治。

鳌拜擅权康熙早就看不下去了，如果不尽快拿下鳌拜，他感觉朝政会越来越混乱，自己的权力也会面临着诸多不稳定因素。既然不能请示孝庄，那就来个先斩后奏。

擒拿鳌拜之后，康熙最担心的莫过于孝庄的态度。如果孝庄不同意这事的话，康熙估计也只能乖乖地放了，除非他敢进一步软禁太皇太后——康熙不是没有这个胆子的。康熙的聪明之处在于：他知道木已成舟后，孝庄如果否定他，事情就不好收场，顺水推舟是人的正常本能。当然，康熙也做了最坏的打算，大不了和祖母翻脸，自己单干，让祖母出局。

一个花季少年能有这么惊人的权谋和敢作敢当的勇气，确实让人震惊，让人佩服，也让人心底发寒，然而这正是帝王的本色。

应该说，顺治的一生都投身于对孝庄的叛逆，但顺治至死都没有完成这项艰巨的任务，最终这个任务被他的儿子康熙完成了。可以相信，顺治九泉之下还是会瞑目的。

结果出来了，康熙胜利了，孝庄妥协了。孝庄虽然妥协了，但提出不要把斗争扩大化，尽量避免引起动荡。这一点，康熙欣然接受。

扳倒鳌拜，康熙的人生之路就顺畅得多。然而，这件事的意义还不止于此，康熙不光打倒了权臣，还结束了孝庄幕后操纵国政的局面。从此，大清朝康熙一个人说了算。

康熙成为权力竞争的最大赢家，而在对待祖母孝庄上面，始终表现得特别孝顺，甚至看起来似乎有些过了头。孝庄外出疗养，一向亲政的康熙也会陪同前往，不离左右；甚至连自己的儿子夭折、皇后生病，康熙也瞒着不告诉祖母，只是用心陪着祖母。

康熙这么做或许是为了弥补孝庄对自己的不满，一个权力熏天的女人突然之间没有了权力，肯定会有失落感的。康熙坚持这么做只是为了告诉祖母：人走了，茶还是热的，没有权力，亲情还是有的。

后来的二十多年里，康熙隔几天就向祖母请安一次，孝庄感动之余分明也觉得这孩子还防着自己，怕大臣跟自己走得过近，分了他的权。不过，孝庄其实不是一个权力欲望特别强的女人，到了晚年，她也只想好好过日子，犯不着跟孙子去争权。

从此以后，康熙开始逐步实现自己心中的宏伟蓝图。

第二章 削藩——帝国最惊险的时刻

当年，经略洪承畴来到云南的时候，吴三桂请教他如何保住自己的地位。洪承畴回答说："不要让云南一日太平，只有天天出乱子，你才能保住地位扩充势力。"洪承畴一语道破法门，让吴三桂受益匪浅。

帝国身上的三颗大肿瘤

打倒鳌拜反帝王集团后，康熙又把眼光投向了远在边地的"三藩"。

这三个人我们都非常熟悉，我们先说说辽东人尚可喜。尚可喜在崇德元年被封为智顺王；顺治年间，跟随多尔衮追击李自成，李自成战死后，他回到辽东旧地。顺治三年，大顺军余部在南方起义，尚可喜奉命平定湖南。顺治六年，因平叛有功晋封为平南王。随后，他又击败桂王，不久，又在广西打败大西军余部和桂王的联军。由于尚可喜功劳卓著，清廷让他镇守广东。

耿仲明也是辽东人，以前和定南王孔有德都是毛文龙的部属，毛文龙被杀后，他们先投靠孙元化，后来又造反，绑架孙元化，最后投靠皇太极。在多尔衮入关，追击李自成的过程中，耿仲明也出力不少。李自成战死后，耿仲明还师辽阳。顺治三年，耿仲明出征湖南，立功不小。顺治六年，耿仲明进封靖南王。后来，耿仲明随尚可喜征广东时，部将藏匿犯人，清廷削夺他王爵，罚银五千两，耿仲明吓傻了，畏罪自杀。他的儿子耿继茂取代他的位置，和尚可喜合力拿下广州。清廷论功行赏，让耿继茂继承父亲的王爵，接着耿继茂又立下了不少战功。顺治十七年，耿继茂镇守福建。耿继茂的儿子耿精忠同豪格女儿结为夫妇，被封为和硕亲王。康熙十年，耿继茂病死，耿精忠承袭靖南王爵位。

吴三桂我们就不用介绍了，这个人的知名度实在太高，也是明末清初最有争议的人物之一。在三藩中，吴三桂的功劳是最大的，对于大清定鼎中原最给力。

三藩让康熙感到可怕的地方，在于他们军事力量的雄厚。

清朝定鼎中原后，为了节省开支，让三藩裁军。结果，名义上，耿、尚两藩各有兵力三千人，吴三桂有一万多人。实际数目肯定比这个要庞大，何况三藩一直在扩充实力。《闽中纪略》记载耿精忠光是王府里就有万余兵甲，地方上一些兵力也有很多，而且府中男子十四岁以上，全部配发弓箭，天天训练。除此之外，三藩还有绿旗兵和投诚兵，绿旗兵是由投降的明军组成，耿、尚二藩有绿旗兵各七千人，吴三桂有绿旗兵几万人。至于投诚兵则是指农民军的投降部队。这么综合起来，我们就可以知道三藩实力的可怕。

三藩可以说是三家庞大的“家族企业”，重要将领都是由他们的亲信担任。在大清版图内，三藩俨然三个独立王国。吴三桂等人虽然在军政大事上会通知一下清朝最高统治者，但实际上是自个儿说了算。

吴三桂也是一个很有能力的人，出手大方，到处网罗人才。各行各业的人，只要有利用价值的，他都愿意重金收买。为了表现出礼贤下士周公吐哺的姿态，吴三桂甚至对一些地方上的小官也亲自接见，可见其野心之大。许多人才纷纷聚集到吴三桂的府上，吴三桂还让他们签卖身契，你为我服务多久，我给你多少钱，是特别有经济头脑的一个人。

耿精忠和尚可喜也纷纷模仿吴三桂，只是他们没有吴三桂那么财大气粗而已。如此庞大的开支，如果仅仅依靠朝廷的俸禄和兵饷肯定是不够的，事实上，三藩的经济活动搞得有声有色，虽然大多数经济活动违反了清帝国的法律，比如私设赋税、霸占津口、收购物品，等等。

三藩的存在严重地侵害了清帝国的利益，而且不光是利益，简直就危及帝国的存亡，所以把三藩比作帝国身体上的三颗肿瘤是一点都不过分的。

康熙削藩虽然本质上是狡兔死走狗烹，但确实是专制时代不得不做的一件安邦大事。

假戏真做

众人拾柴火焰高，三藩的气焰一天比一天灼人，逐渐形成尾大不掉的局面。

说实话，在深宫里长大的康熙是指挥不动这些大军阀的，藩镇势力一旦坐大，便会犯上作乱，这是中国历史的一个常识。对于熟读史书的康熙来说，不用别人提醒他也知道藩镇对于国家的危害。

削藩固然是帝王所渴望，但是削藩是一项高技术的危险活，搞不好连自己的性命、帝国的前途都要搭进去。康熙这么年轻的一个帝王能够完成这项高难度技术活吗？

康熙十二年（1673年），在议政王大臣会议上，康熙不顾群臣的极力反对，一意孤行要撤藩。尽管后来不少拍马屁的人认为康熙圣明，这些人是以成败论英雄，看到康熙最后削藩成功，大家纷纷拍马屁。

公正地说，康熙削藩是非常冒失的，正如国外学者评价，削藩差点葬送了整个大清帝国，虽然最后叛乱被平定，但也付出了惨重的代价，八年来民不聊生，死伤枕藉。削藩的行为是没有错的，错就错在没有选好时机，没有采取正确的手段。

我们还是来看看整个事情的经过吧！

早在康熙六年之前，御史大夫杨素蕴等人就弹劾吴三桂擅权不法，不过当时清廷慑于吴三桂的权势，非但没有对吴三桂采取手段，反而重罚弹劾的官吏，安抚吴三桂。

事实上，在四大辅臣辅政时期，清廷就已逐步削弱三藩权力。吴三桂在征讨云贵的时候，为了方便统一调度，顺治授予他“大将军印”。吴三桂平定云南后，按照规定应该上交，但是吴三桂却迟迟不交。后来，还是大臣找到吴应熊，对这个驸马说：“以前，永历在缅甸那边闹事。所以才给你父亲一个将军印，为的是方便他调度。现在天下已定，你父亲还留着这东西，到底是何居心？”

吴应熊一听，显然是朝廷派这个大臣来向自己讨将军印的，连忙飞书一封给父亲。吴三桂无奈之下，忍痛归还将军印。

让康熙无法容忍的是，吴三桂在自己的独立王国里，设置关税，圈占土地，掠夺人口，自行选派官员，称为“西选”。三藩就像大清国养的三头老虎，这三头老虎不但不做事，反而消耗庞大，以顺治十七年为例，清廷的财政收入是银两千六百万两，光云南一省就要九百万两。《圣武记》中说：“天下财赋，半耗于三藩。”

三藩凭什么开口要这么多钱呢？主要是用于军饷。三藩在边疆故意制造战火连天、天下还未平定的局面。从某种意义上来说，这是三藩的一种策略。

据说，当年经略洪承畴来到云南的时候，吴三桂请教他如何保住自己的地位。洪承畴回答说："不要让云南一日太平，只有天天出乱子，你才能保住地位扩充势力。"洪承畴一语道破法门，让吴三桂受益匪浅。

三藩将儿子送到京城入侍，实际上是做人质，表示忠心。康熙表面上也给予他们优厚地位，招他们为驸马，提升他们的爵位。康熙七年，提拔吴应熊等人为太子太傅。这样一来，清廷的一些机密消息很快就传到三藩那里，这是清廷之前没有想到的。而且，三藩之间也互相联姻，将利益关系联系得更紧密。

康熙十年（1671年）正月，靖南王耿继茂上疏说自己旧病复发，没有能力处理军务，希望把这个职位交给长子耿精忠。康熙想了想，准许耿精忠接管军务。同年十一月，尚可喜也上疏请求让长子尚之信接替自己。这些康熙都准许了，为了安定三藩的心，他还不断派人给三藩送去贵重物品。

三藩都是老江湖了，康熙的这些做法当然不能取得他们的信任。在内心深处，三藩对康熙是极为不信任的，他们相信兔死狗烹的事情迟早都会发生，现在只是酝酿而已。

在三藩中，尚可喜可以说是最想明哲保身的一个人。早在顺治十年的时候，他就以东西平定、自己又有病为借口，提出解兵养老。顺治很奇怪，居然挽留他，劝他"不必遽以病情"。顺治十二年，尚可喜又提出想回辽东故地养老。顺治又不同意，当然当时广东的局势还没有稳定，还需要尚可喜压住局面。

从尚可喜三番两次的表现看，说明他内心深处非常担心有朝一日遭遇杀身之祸。

吴三桂底气比尚可喜要足一些，他抱着边走边看的态度，不排除有一天造反的可能，毕竟吴三桂造反也不是一次两次了。经过洪承畴的点拨后，吴三桂非常希望云南多事，即使没有事，他也要弄出一些事情来。

康熙二年（1663 年），吴三桂派兵征剿当地的少数民族，捣毁他们的巢穴，捉拿他们的首领。这么做一方面可以伸手向清廷要军饷，另一方面也可以扩大自己的地盘。康熙四年，云南的一些酋长联合起来抗清，吴三桂奉命镇压。到康熙六年的时候，云贵一带的局势才逐渐安定下来。

云贵一安定，吴三桂心里就发慌。只有边境不断滋事，他才能睡得安稳。

为了制造紧张局势，康熙六年（1667 年）六月，吴三桂向朝廷报告说蒙古干都台吉进攻丽江，敌人大军入境，云南全省人民人心惶惶。为了安定人心，吴三桂决定亲征，为大清国的和谐做出应有的贡献。

其实，当时根本就没有蒙古入侵的事，蒙古只是要求和吴三桂通商。吴三桂虚张声势，故意渲染战争的假象。随后，吴三桂又诓骗清廷，声称蒙古已经撤兵，现在是隆冬时节，估计敌兵暂时不会过来。吴三桂还说已经吩咐各营官兵严密防守，自己暂时班师大本营。

糊弄清廷是吴三桂的拿手好戏。当然，为了让清廷放低对自己的警惕，吴三桂也会作出交权的姿态，比如交还大将军印，辞去云南都督等。康熙四年五月，吴三桂又提出裁军，听说裁军康熙大喜，立即批复。裁军对吴三桂来说只是少拿些军饷，但吴三桂赚钱的路子实在太多，他是不是真会裁军实在让人怀疑。

平南王尚可喜回辽东养老，康熙求之不得，只可惜军权还是控制在尚之信的手里。

尚之信接管军务后，搞得一团糟，骄横跋扈，肆无忌惮，连自己的父亲都不放在眼里。以前，父亲的部属得罪过自己的，如果是小梁子，尚之信就鞭打，如果是大梁子，尚之信就大开杀戒。而且，尚之信在向父亲报告军务的时候也是一副不耐烦的样子。

尚可喜非常郁闷，怎么把摊子交给这么一个人？考虑到他毕竟是嫡长子，而且又有一些才能，尚可喜不忍心废了他。尚可喜有一个叫金光的幕僚，这个人很有谋略，尚可喜将他视为顶级谋士，碰到什么问题，一定要请教他。

一天，金光突然逃走了，尚可喜知道后，立即派人把他追回。为了惩罚金光，也为了让他以后没法逃跑，尚可喜让人挑断金光的脚筋，从此金光成为跛足，人们又称他为跛金。

尚可喜虽然挑断跛金的脚筋，但是对他还是一如既往地器重，甚至待遇更好。跛金逃跑的一个原因就是尚之信，他看到尚之信做事没有分寸，担心日后会引来家破人亡的祸事，便向尚可喜献计："现在朝廷最忧虑的事情是藩镇尾大不掉，我看大王不如带着子孙和亲信们归耕辽东，这样既可以避难，又可以让朝廷欢喜，可以说是两全其美的好事。”

尚可喜一听，有道理，便给康熙上疏：“臣已经七十了，精力衰退，想回辽东养老，希望朝廷给我发一笔养老费吧！”

康熙二话没说，同意了。不过康熙是有条件的，你尚可喜自己退休想把广东交给尚之信，这不行，康熙说根本就没有这个法律，说老藩王离开了，小藩王就该上任。要走可以，要钱也可以，军队必须留下，交给朝廷接管。

尚可喜一看，玩砸了，什么都没有了。命是保住了，富贵呢，恐怕不能永享。

康熙这招借力打力固然精彩，不过却引起了轩然大波，把清帝国带向风雨飘摇的险境中。

康熙撤藩的消息一传开，吴三桂和耿精忠感觉如五雷轰顶，好日子看来要到尽头了。说心里话，吴三桂和耿精忠都是超级赌徒，宁可赔了身家性命，也不愿拱手交出军政大权。但是，形势不由人啊，尚可喜已经撤了，耿精忠问吴三桂：“我们该咋办呢？”吴三桂想了想说：“皇上撤了尚可喜，一定会接着撤我们的，如果让皇上逼我们撤藩，我们反而会陷于被动，不如自请撤藩，也好看看上面的意思，说不定上面为了大局，会挽留我们，给我们几年时间，我们就利用这几年时间扩大势力……”

吴三桂的意思耿精忠是明白的，耿精忠决定先上疏请求康熙皇帝撤藩，说：“臣做藩王已经两年了，远在边地特别想念皇上，只是当地人太不老实，老是闹事，所以一直没敢跟皇上说撤藩的事。近日平南王尚可喜归隐，让臣也心动，臣代表部下官兵，请皇上撤藩。”

耿精忠提出撤藩后，待在北京的吴应熊急了，他派人送信给父亲，催促说：“老爸，朝廷对你的疑心最重了，他们两个都表现不错，你赶快意思意思一下吧！”

吴三桂犹豫良久，认为自己是边防大将，军力强大，朝廷暂且还不敢动自己，自请撤藩的话，朝廷应该会挽留的，因为我吴三桂比其他人强啊！

吴三桂抱着试一试的心理向康熙提出撤藩：“臣吴三桂镇守云南十六年，每天都思皇恩浩荡，只希望在工作岗位上幸福地死去，怎么敢遽然请求退休。只是听到平南王尚可喜蒙皇上恩准，过好日子去了，我也想好好休息，希望皇上恩准撤藩。”

康熙毕竟年轻，接到这样的奏疏，自然是高兴得不得了。可是，当他把吴三桂请求撤藩的奏疏拿到朝堂讨论时，出现了他意料不到的情况。

大多数大臣都反对撤藩，只有兵部尚书明珠和刑部尚书莫洛等少数人才支持撤藩。康熙看没有达到效果，又主持了议政王大臣会议，讨论此事，结果还是大多数不主张撤藩。

但康熙一意孤行，心中老早就打着削藩的算盘，他首先表明：三藩手握重兵，日子长了，始终是一种祸患。接着又信心十足地表示：“三藩的子侄不少留在京城做人质，料想他们应该不会叛变。”

年轻人康熙错了，那些歌颂康熙天纵英才的人也错了。在处理撤藩问题上，康熙告诉世人：我不是什么千古一帝，我只是一个年轻人，一个渴望达到目的而思虑不周的年轻人。

愤怒的吴三桂

康熙是铁了心要撤藩，立即向兵部、吏部、户部发出指令，让他们做好撤藩的善后工作。

康熙的使者很快就到了云南，使者向吴三桂宣读了诏谕。诏谕首先歌颂吴三桂精忠报国，镇守边疆多年，为皇帝分担南方之忧；接着，诏谕又指出，自古帝王能够平定天下，无不是靠军队和武臣的功劳，一旦四海平定，帝王们必定要班师息兵，让百姓和士卒都休养生息，这样对皇帝对武将都有好处；平西王你年纪也大了，长年驻扎在蛮荒之地，想必也想过一种游山玩水诗情画意的生活，你不妨来北京陪皇帝，君臣偕乐，这样既可以让子孙后代永享王爵，又能国家安定，君臣和睦，多好啊！

吴三桂傻眼了，他被康熙的“真诚”震怒了：康熙你还当真了。康熙确实很认真，撤藩工作他做得细致入微，尽力满足三藩在物质上的需求。撤藩是要耗费巨大的人力物力的，这些康熙都说没问题，康熙努力做到仁至义尽。

据说，撤藩令下来之后，吴三桂气得说不出话来，两眼无神，呆若木鸡。也能理解，一辈子不要命豁出去就换来这点家底，康熙要一下就拿走，搁谁谁郁闷。

吴三桂本来只想做个姿态，表示我忠于清廷，他满以为康熙会挽留他，让他继续镇守云南。没想到，康熙居然真的同意，弄假成真，不好收场啊！

吴三桂愤怒、无语、紧张、痛苦、郁闷……

碰到这种事情，没有人可以非常淡定的，但吴三桂毕竟是久经沙场的老将，很快就冷静下来。他很清楚地看到，撤藩是关系到身家性命生死存亡的大事，如何应对，绝对不能冲动。

摆在吴三桂面前的路有两条：一、听从朝廷安排，响应撤藩政策；二、孤注一掷，起兵造反。听从朝廷安排会有什么结果呢？听从朝廷安排后，吴三桂还是一个王爷，还是一个有钱的大腕。但是，作为一个军人，他将失去自己的军队和军权。要知道，吴三桂所有荣华富贵的基础都在于手中的那支军队，他的一生是战争的一生，他能够混到今天，都是出生入死得来的。没有军队的吴三桂就没有安全感。

吴三桂费尽心机想逃脱兔死狗烹的历史定律，可惜规律就是规律，任凭吴三桂再狡猾，这一天还是来了。历史上，有宋太祖杯酒释兵权，没有通过任何流血事件就解决了中央集权问题。就这点来说，宋太祖某种意义上可谓是少有的成功绕过兔死狗烹历史定律的人。

我们当然可以设想，吴三桂你交出兵权又有什么，子孙后代永享富贵不是一样好吗？

吴三桂绝对不傻，如果有谁能够保证交出兵权后一定能永享富贵，我想他还是会交出的。但历史是残酷的，更多的情况是交出兵权就可能沦为任人宰割的对象，甚至被灭族，更别说永享富贵。何况，吴三桂是降清的明末将领，康熙是清朝皇帝，两人之间存在着很大的差异，要建立良好的信任很难。

吴三桂的部将也是极力主张造反的，他们说："大王的军威举世第一，大王振臂一呼，天下必定云集响应，到时兵锋所指，可以迫使清军划地求和，学习刘邦的榜样，迫使清军交还世子和世孙。如果我们迁到辽东，他日朝廷一旦吹毛求疵，恐怕我们就只能引颈就戮了，起兵的话，反而可以保全自己。"

部将的这些建议也不是没有道理，甚至可以说是很有道理的。

吴三桂作出思考状，认真地分析了形势。吴三桂是一个非常自负的人，他觉得自己的军事才能和武功都是不可一世的，换句话说，有造反的实力。再加上云南的地形，东连贵州，北控川蜀之地，自己经营这么多年，资金雄厚，兵甲坚利。

再看看自己的军队，自己的亲军是老牌劲旅关宁铁骑，战斗力非常强，其他的士兵大多是从孙可望、李定国那里投顺过来的，这些人个个都是身经百战，一心追随自己。吴家军的战斗力是绝对没有问题的，加上平时吴三桂很以自己的治军为自豪，“治军整严，号令肃然，屯守攻战之宜，无不毕具”。

部将们纷纷催促，大王，你还等什么，反啊！

吴三桂捻着胡须说：“本王的党羽门徒遍布全国各地，云南十镇的大帅、贵州提督李本深、四川总兵吴之茂、陕西提督王辅臣等，都是本王的心腹。本王若举兵，这些人个个会鞍前马后。”

部将们齐声说：“不错，反观清廷，出生入死的开国老将们纷纷谢幕，康熙小儿，乳臭未干，岂是大王的对手。只可惜，世子和世孙还在他们手上。”

吴三桂自信地说：“本王势力在这儿，何况应熊又娶了公主，料想康熙小儿不会杀掉应熊，最多用应熊来要挟我们。”

部将：“大王所言极是……”

吴三桂：“反！”

吴三桂虽然可以称得上是一个“造反专家”，但这次总觉得有点悬，便去求教谋士方光琛。方光琛也是一个牛哄哄的人，自比管仲、诸葛亮，这个人最擅长的是摆高人的架子，作秀功夫高明。方光琛的父亲以前是吴三桂的上司，两人是世交，与其说方光琛是吴三桂的幕僚，不如说是吴三桂的知交。

吴三桂第一天上门见方光琛，向他透露了自己谋反的心意，方光琛没有说话。吴三桂第二次上门明确表示自己要谋反，方光琛还是没说话。第三天，天色未明，吴三桂就登门造访，这时方光琛还睡在床上，吴三桂在他的床前焦急地询问谋反之事。方光琛觉得吴三桂反意已决，就坐了起来，给吴三桂分析形势。吴三桂立刻拜方光琛为军师。

随后，吴三桂派兵扼守云南关口，来往的行人，只许进，不许出。表面上，吴三桂听从朝廷安排，暗地里一再拖延时间。造反，能不能凝聚人心最关键，作为“造反专家”的吴三桂对此比谁都清楚。

为了确定部下是不是跟自己一条心，吴三桂积极挑起战士们的同仇敌忾之心。这些天，他忙着在各营里跟大家喝酒，每次酒过三巡，吴三桂总会慢慢地站起来，满目沧桑地扫视大家，然后长叹一声，悲凉地说：“老夫和诸君共事三十多年，今日天下太平了，我们反而没了用武之地。现在皇上坚持让我们迁到关外，以后就不会有这种喝酒的好机会了，来，大家多干几杯，不知何年何月何日才能再见面。”

说完之后，吴三桂一饮而尽，饮完之后，老泪纵横。在座的官兵们常年跟随吴三桂，在云南这块土地上吃香的喝辣的，他们的利益和吴三桂的利益紧密联系在一起，一荣俱荣，一损俱损。吴三桂这么一说，群情激奋，纷纷起立，向吴三桂效忠：“我等愿听大王调遣，大王何日举兵？”

在整个造反过程中，造反的理由是非常关键的。吴三桂肯定不能说康熙让我撤藩，所以我要造反。谋士刘茂暇给吴三桂找到了一个很好的理由：“明亡未久，人心思旧啊！大王最好立明朝后裔为皇帝，讨伐清廷。这么一来，相信天下人会纷纷响应大王的号召。”

应该说刘茂暇的意见是非常好的，无奈这时有人提出反对意见。提出反对意见的是吴三桂的首席军师方光琛，书呆子方光琛说道："以前大王因为兵力不足，出关借兵，天下人还能够谅解。后来明朝永历皇帝逃亡缅甸，大王奋力追赶，把他杀了，这已经让天下人无法原谅了。眼前，大王的兵力完全可以收复河山，如果立明朝后裔的话，成功之后该怎么办呢？是学习张良炼丹云游，还是再杀一次明朝皇帝，让天下人的口水淹死？杀了一次故国皇帝，难道还想杀第二次？"

吴三桂一听，汗毛倒竖，觉得方光琛说得有道理，决定自立名号。在这次造反中，吴三桂一开始就错了，这似乎注定了这场造反的失败。

丧钟为谁而鸣

吴三桂从来就是一个精明的人，他很早就看出反清复明这面旗帜的号召力。

宴请将士之后，吴三桂让将士们在校场集合，用一种煽动性的口吻对大家说："朝廷一再催促我们，我们马上就要迁移了。最近，朝廷的使臣轮番催促，让大家赶快动身。如果我们不马上迁移的话，说不定大家会遭到使臣的侮辱。"

一些士兵大喊："走就走吧，朝廷何必苦苦相逼呢？"

吴三桂煽动说："朝廷的命令，确实不可拖延，但想想大家已经在云南安家，这种荣华富贵谁都不愿放弃。大家想想，你们的富贵究竟从何而来？”

大家都说：“都是靠殿下才有这样的洪福。”

吴三桂摇头说：“不是。”

大家说：“是依靠皇上才有今天的福气。”

吴三桂神秘地说：“确实是依靠皇上，但不是依靠现在这个皇上，而是依靠先朝的皇上。没有大明，就没有我吴三桂今天。后来闯贼作乱，偌大明朝居然没有勤王之师。为了保卫京城，为崇祯皇帝报仇，我不得已向清兵借兵。最后，混到今天这个局面，全是靠大明朝的余荫啊！永历的坟墓还在云南，我们要离开，怎么说也得去故国君主的坟前道个别吧？”

到了约定时间来到永历坟前，吴三桂的表现却让大家很意外，他突然指着自己头上的帽子问：“我们先朝有这样的帽子吗？我们先朝有这样的衣服吗？”

吴三桂这么一说，勾起了广大官兵的故国之思。吴三桂还宣布老臣必须穿戴先朝的衣帽祭奠国君，为了将祭奠永历的仪式搞得风风光光，吴三桂下令十一月十八日正式祭奠永历，由使臣带头出发。

南明最后一个皇帝永历死在吴三桂的手中。现在，吴三桂在永历的墓前，想起自己为清军剿杀南明，立下汗马功劳，如今，清廷的使者肆无忌惮地侮辱自己，如果真交出权力，还不任由清廷宰割。想到这里，吴三桂越加气愤、悲痛，竟放声大哭。在旁人眼里，吴三桂似乎是为了永历、为了大明而哭。

吴三桂一哭，全军将士跟着哭泣，在哭泣的过程中释放对清廷的不满。

第二天，吴三桂在校场举行阅兵典礼。阅兵典礼上，吴三桂看军容整肃，不由得捋须微笑。接着，吴三桂上马亲自表演了一番，他坐在骏马上飞射三箭，箭箭中的，发出铿锵的噔噔声。士兵们一片喝彩声，吴三桂为了表示自己老当益壮，又在马上来回耍着长枪、大刀，端的是虎虎生风，豪气不减当年。

康熙十二年（1673 年）十一月二十一日，战斗的号角在吴三桂军中吹响。

这一天，西风惨烈，云南境内阴云密布，连路上的行人都能嗅到杀气。只听一阵马蹄声过去，原来是吴三桂的女婿吴国柱率领先锋部队包围了巡抚官署，巡抚朱国治被捉住。自从来到云南后，朱国治一直趾高气扬，不把吴三桂放在眼里。朱国治的下场非常惨，吴国柱将朱国治碎剐于市，然后割下头颅见吴三桂。

吴三桂假装大惊，捶胸顿足："国柱，你们这是在害我啊，我全家被灭无所谓，那些跟我出生入死的将士们只怕也有灭族之罪啊……"

部将们一听，纷纷喊道："干脆反了……"

吴三桂听了，心里窃喜。

吴三桂在谋反之前，云南府同知刘昆就得到秘密消息，了解吴三桂在铸造“天下都讨兵马大元帅”印玺的事情。刘昆还把这个秘密告诉朱国治，并建议朱国治千万不要把吴三桂惹毛了，让他尽量给吴三桂放宽期限，别逼他，与此同时，密奏清朝廷派出重兵扼死吴三桂的出路。只可惜这样一份重要的情报并没有引起朱国治的重视，最终朱国治不但丢了自己的性命，还让大清承受了巨大的风险。

处死朱国治后，吴三桂又快马加鞭派人将钦差大臣折尔肯和萨达礼软禁，与此同时，在交水一带，吴三桂的人马立即俘虏正在筹备撤藩事宜的高显辰。

消息封锁之后，吴三桂让官兵蓄发，脱掉清服，换上明服，旗帜一律用白色，帽子一律是白色，以此悼念亡明。吴三桂自称为天下都讨兵马大元帅，设前后左右四大金吾将军，并秘密派人联络各地的反清力量。随后，吴三桂发布了讨伐清朝的檄文。这是一篇非常有意思而且非常有文采的檄文，我们不妨摘录下来：

原镇守山海关总兵官，今奉旨总统天下水陆大师兴明讨虏大将军吴，檄告天下文武官吏军民人等知悉：

本镇深叨明朝世爵，统镇山海关。一时李逆倡乱，聚贼百万，横行天下，旋寇京师。痛哉！毅皇烈后之崩摧。惨矣！东宫定藩之颠踣，文武瓦解，六宫恣乱，宗庙瞬息丘墟，生灵流离涂炭，臣民侧目，莫可谁何。普天之下，竟无仗义兴师，勤王讨贼，伤哉国运，夫曷可言？

本镇独居关外，矢尽兵穷，泪干有血，心痛无声，不得已歃血为盟，许虏藩封，暂借夷兵十万，身为前驱，斩将入关，李贼逃遁，痛心君父重，仇冤不共戴，势必亲擒贼帅，斩首太庙，以谢先帝之灵。幸而贼遁冰消，渠魁授首，正欲择立嗣君，更承宗社，封藩割地以谢夷人，不意狡虏遂再逆天背盟，乘我内虚，雄踞燕都，窃我先朝神器，变我中国冠裳，方知拒虎进狼之非，莫挽抱薪救火之误，本镇刺心呕血，追悔无及。将欲反戈北逐，扫荡腥气，适值周、田二皇亲，密令太监王奉抱先皇三太子，年甫三岁，刺骨为记，寄命托孤，宗社是赖。姑饮泣隐忍，未敢轻举，以故避居穷壤，养晦待时，选将练兵，密图恢复，枕戈听漏，束马瞻星，磨砺竞惕者，盖三十年矣！

兹彼夷君无道，奸邪高张，道义之儒，悉处下僚，斗筲之辈，咸居显职。君昏臣暗，吏酷官贪，水惨山悲妇号子泣。以至彗星流陨，天怨于上；山崩土震，地怨于下；鬻官卖爵，仕怨于朝；苛政横征，民怨于乡；关税重征，商怨于涂；徭役频兴，工怨于肆。

这篇檄文文采斐然，通篇都是谎话，不过确实起到了宣传作用。檄文一传出，天下骚动，人心思叛。许多人纷纷向吴三桂投降；云南提督张国柱、永北总兵杜辉、布政司霍之英等人，第一时间投降吴三桂，获得官职。对于不服从的人，吴三桂的政策是消灭。

短短的时间内，吴三桂的大军就膨胀到二十多万，各方守将纷纷归降，吴三桂的兵锋直指贵阳。甘文焜是清朝的一个忠臣，誓死不降，被镇远守将江义包围后自尽，吴三桂大喜，一路兵不血刃进入贵阳。

接着，吴三桂挥师向湖广挺进。

康熙的补救措施

兵部郎中党务礼，户部员外郎萨穆哈、席兰泰，主事辛珠、笔帖式萨尔图等人，得知吴三桂叛乱的消息，立刻逃出贵阳，向京城飞奔。

这些人跑到镇远的时候，忽然发现镇远城戒备森严，封住了所有出口，而且驿站里根本不提供马匹。党务礼、萨穆哈等人心急如焚，后来找关系弄到两匹马，两人在当地农民的带领下，抄小路离开镇远，飞奔到沅州。沅州还不属于吴三桂的控制区，党务礼等人终于松了一口气，但丝毫不敢歇息，立即进入湖南境内，得到驿马后向京城一路狂奔。

在马上狂奔了十一个昼夜，他们终于赶到北京。到了北京后，党务礼等人没有先去皇宫见皇帝，而是直奔兵部衙门。下马的时候，几人喘着粗气，没法说话，头晕眼花，不得不抱着柱子。兵部的官员们见此情景，急忙扶住他们，让人端来几碗水，撑开他们的嘴巴，把水灌了进去。

过了好一会儿，党务礼和萨穆哈才慢慢恢复一些气力，说道："反了，吴三桂反了……"

当吴三桂谋反的消息传到朝廷时，朝野震惊，康熙也很震惊，不过没有慌乱。当时反对撤藩的索额图此时力举诛杀那些建议撤藩的大臣，希望通过这种方式向吴三桂承认错误，请求息兵。但康熙拒绝了，康熙还算一个敢作敢当的皇帝，他说撤藩是自己的决策，不能将过错推给大臣（朕素不肯诿过臣下……岂因吴三桂反叛，遂诿过于人耶）。

应该说，康熙此时已经意识到撤藩的害处了，以为满足吴三桂物质上的需求，就能撤藩。他太低估了吴三桂这个人，如果不是吴三桂时运不济，大清江山或许就要毁于康熙这个明君的手中。

意识到自己做了错事后，康熙并没有一味自责，他首先想到的是如何解决问题。如果说吴三桂是一个老谋深算的老姜，那么康熙还是正在成长和成熟的青年。他的表现还是不错的，没有慌乱，没有恐惧，而是镇定从容正视现实。

在军事调度方面，康熙表现出了他运筹帷幄的天赋。他派遣八旗劲旅前往荆州，扼守渡口，防止吴军渡江，荆州成为阻碍吴三桂的重镇。康熙选择荆州可以说是很有眼光的，荆州自古就是兵家必争之地，将荆州作为对付叛军的大本营和要塞，非常具有战略意义。

康熙任命多罗顺承郡王勒尔锦为宁南大将军，统领多罗贝勒察尼，都统觉罗朱满、觉罗巴尔布，护军统领伊尔度齐、鄂尔泰，前锋统领硕岱等大批满洲将领前往荆州镇守。

同时，康熙任命孙延龄为抚蛮将军。孙延龄是孔有德的女婿，孔有德被李定国打败后，全家自杀，只有女儿孔四贞逃了出来，孔四贞后来嫁给孙延龄。孙延龄一直镇守广西，广西与贵州交界，把广西交给孙延龄这样的老将，对于遏制吴三桂起到了不小的作用。

康熙料想吴三桂必定进军四川，因为四川和云南接壤，吴三桂为了问鼎天下，肯定要将四川收入囊中。康熙命令镇守西安的将军瓦尔喀星夜奔赴四川，并且叮嘱瓦尔喀："凡是由云南进入四川的险要之地，一定要派重兵把守。一旦有机会，一定要和其他地方的部队一起讨伐贼军，不过，一定得小心，得看准。"康熙让大军驻守四川有双重的战略意义，既可以防止吴三桂入蜀，又可以乘机捣毁吴三桂的大本营云南。

除此之外，康熙还让陕西总督哈占严守西北防线，不给吴三桂扩大地盘的机会。

对于江南江西一带，康熙也非常重视，康熙认为，江南江西一带水路发达，如果不严加防守的话，很可能成为吴三桂进犯江苏、浙江的一个跳板。江南素称鱼米之乡，一旦吴三桂控制江南，清帝国就失去一块重大的财政蛋糕，战事上将处于非常被动的地位。

事实上，吴三桂叛变不久，耿精忠就响应他的号召，准备和吴三桂一起夹攻江西。没想到，康熙早就有所防备，切断线路，让吴三桂和耿精忠没法会师。结果，耿精忠的部队被遏制在浙江和江西交界的地方，进又进不了，退又不能退。

康熙又在兖州、太原布下重兵，各地兵马互相策应，什么地方告急，临近的部队就去支援。为了在第一时间掌握军情，康熙命令兵部除了驿站之外，每四百里设置笔帖式、博什库各一名，负责将军情第一时间上报给朝廷。康熙这个政策对于整个战局的扭转起到了重要的作用，因为这样可以在最快的时间掌握军情，从而根据形势做出正确的决策。

从康熙的补救措施看，他确实是一个非常能干的皇帝，是一个肯面对现实解决问题的皇帝，用现在的话说，实事求是。

除了进行周密的军事应对外，康熙也积极展开了政治大战。康熙将吴三桂定为罪魁祸首，对于其他的人，康熙表示，只要能够悬崖勒马，弃暗投明，不仅不株连，反而可以给予优待。康熙这么做，从政治上瓦解敌人，一步步地孤立吴三桂。

吴三桂叛乱不久，康熙就下令停止撤耿、尚二藩，力图稳定这两大势力。尽管康熙没有稳住，但是这种做法是正确的。

康熙知道吴三桂混迹权场和战场那么多年，是一个出名的老油条，为了防止吴三桂策反，康熙一再叮嘱各地将领和官员：吴三桂这个人狡猾非常，你们一定不要受他蛊惑。为了增强将领和官员们对策反的免疫力，康熙给予了他们充分的信任。康熙很清楚，这种时候，只有信任才能抵挡叛乱之风的蔓延。

刚开始，康熙发布谕旨，绝不株连旁人，只惩办首恶吴三桂。这个话别人会相信吗？说实话，大家都不相信，都怀疑。当康熙发现大家都不怎么相信自己的话时，反复发出类似的谕旨，告诉大家，绝不株连别人，你们千万不要怀疑，我说话算数。为了表示自己说话算数，康熙说，吴三桂有许多亲戚在全国各地当官，只要他们安分守己，依然可以当官。削除吴三桂爵位后，康熙晓谕云南人民，官民仍就原位。对于沦陷区的官员和百姓们，哪怕他们割掉辫子，换了明朝发型，康熙也说："事出突然，你们的所作所为是可以原谅的，只要不助纣为虐，一律赦免。"

针对吴三桂的讨伐檄文，康熙指出，清廷对吴三桂可以说恩重如山，吴三桂不仅不思报答，反而举起反叛大旗，大逆不道，贻害苍生，简直是理法难容，人神共愤。

对于吴三桂的儿子吴应熊，康熙本不打算动他。议政王大臣一再奏请康熙惩办吴应熊，说吴应熊跟其他人不同，是吴三桂的儿子，不能从宽发落，应该拿下。康熙这才将吴应熊软禁起来。议政王大臣不满，力主康熙杀掉吴应熊。但康熙仍然心存善念，不忍诛杀。吴应熊虽然是反贼的儿子，但也是自己的姑姑和硕公主的丈夫。康熙自幼跟和硕公主待在一起，关系非常亲密，他不忍心杀害吴应熊；何况留着吴应熊，等于掌握一个和吴三桂谈判的大筹码。

吴三桂的军队不断壮大，丝毫没有想跟康熙和解的意思。康熙愤怒了，加上在京城里的吴应熊也蠢蠢欲动，据说在京城里放了四把大火。康熙最终铁下心来，将吴应熊及其子吴世霖处死。

吴三桂正在吃饭的时候，忽然接到吴应熊被诛的消息，一时间痉挛起来，就像个死人一样。吴三桂真的没想到康熙会杀掉儿子，他这才知道，康熙虽然年轻，但是心狠和果决并不输于自己。

吴三桂开始意识到，眼前这个对手不能小看。

隔江对峙

吴应熊被杀之后，吴三桂非常愤怒。他铁手一挥，吴军迅速进兵湖南。在逼近沅州时，湖广总督蔡毓荣提前派遣总兵蔡世禄镇守。康熙认为沅州是云南和贵州的门户要地，蔡世禄一个人守不住，立即调遣湖广提督桑峨去沅州支援。结果，援兵还没赶到，沅州就失陷了，总兵蔡世禄沦为俘虏。

听到沅州失陷的消息，湖南巡抚卢震放弃长沙，逃到岳阳。得知这个消息，康熙很愤怒，敌军还没到，朝廷大官居然逃跑。康熙下令捉拿卢震，处以死刑。

在调度方面，康熙是非常英明的，一再展现自己的天赋。了解到吴三桂大军向湖南湖北进发，他让护军统领硕岱率领前锋士兵前往常德扼守。考虑到武昌的重要性，康熙又让都统朱满率兵在武昌、汉阳一带防御。

虽然康熙做了一系列的安排和调整，可惜手下的这些人执行不力。都统们行军非常迟缓，花了一个多月才赶到荆州、武昌一带。这时，常德和澧县还没有被叛军控制，都统们应该尽快赶到常德和澧县，安慰好当地军民。但是，都统们害怕吴三桂，不敢向前进。结果，吴三桂乘机占领了常德和澧县，不费吹灰之力就让清军拱手献城。

不久，吴军大将张国柱攻下衡州，挺兵长沙。长沙城人心惶惶，官兵们都不愿守城，拱手将城池献给吴军。接着，吴应麟和张国柱率水陆联军进攻岳州，岳州参将李国栋打开城门献城。

吴三桂从康熙十二年（1673 年）底起兵，到康熙十三年（1674 年）三月，就将贵州和湖南控制在自己手中。前锋军队正在湖北蓄势待发，隔着长江，吴军和荆州的清军对峙。形势即使说不上一片大好，也可以说前途无量，前景让人乐观。

这时，吴三桂兵威震动天下，那些对清朝不满的人纷纷响应他的号召。为了聚拢更多的力量，吴三桂散布谣言，到处发传单，说清朝无道，马上就要灭亡，他顺应天命，吊民伐罪。吴三桂还没进四川，四川那边就已经响应了，四川巡抚罗森、提督郑蛟麟、总兵谭洪和吴之茂等表示要归顺吴三桂；就连康熙寄予厚望的孙延龄也背叛清廷，响应吴三桂。陕西提督王辅臣、广东尚之信相继叛清，如果吴三桂能协调好各方的叛清势力，清朝的灭亡也不是没有可能。

大清国烽火燎原，康熙做出了很好的决策，可惜没几个人认真执行。形势对吴三桂一片大好，吴三桂如果能利用这大好形势，渡江向京城进逼，整个爱新觉罗家族就会变成热锅上的蚂蚁。可惜，吴三桂不知道是怎么回事，在湖北松滋这里，突然停滞不前，待了有三个月之久。吴三桂的谋士刘玄初在云南给吴三桂写了一封信，让他赶快渡江，跟清军展开大决战，然而吴三桂却充耳不闻。

吴三桂为什么打到长江边上就不再前进？几百年来，历史学家一直为此争论不休。

吴三桂不渡江确实是非常可惜的一件事，只要渡江就可以把军事主动权牢牢抓在自己的手里，如果再派遣间谍策反北方的官员，那么清朝的灭亡就可能成为现实。六个省份表示归顺吴三桂，此外，还有台湾的郑经也表示反清复明，这些人有的可能还有不同心思，但都愿意一致对付清朝。

吴三桂为啥没有渡江呢？说实话，是被记忆害的。因为渡江之后，他要面对的是满洲八旗军，满洲八旗军以前给他留下了深刻的印象，努尔哈赤和皇太极时代，八旗军可是相当彪悍。吴三桂之所以没渡江，就是因为没有必胜的把握。

吴三桂没有想到的是，今天的八旗军跟昨天的八旗军没有可比性。事实证明，八旗军和八旗子弟都在不断堕落，康熙让八旗军去阻截吴三桂，结果这些人都不敢跟吴三桂正面冲突，士气可想而知。吴三桂若发动攻击，八旗军会全军溃败，因为当时全国各地都在反清，八旗军无论是战斗力还是心理承受能力都大不如以前。

吴三桂已经是一个老人了，锐气和豪气都消磨了许多，何况吴本人身上一直都有小家子气，他考虑的更多的是个人的利益，而没有气吞山河的雄心。他只想跟清廷谈判，划江而治，还托人代自己去说服康熙，结果遭到康熙的拒绝。

兵法上说有进无退，本来你兵锋犀利，忽然停下来歇几个月，这简直是挫自己的锐气。不进则退，争天下本来就是一场豪赌，要么一无所有（连命都没有），要么拥有一切，绝对不可能说你拥有四分之一或二分之一。

吴三桂这次反叛，从兵法上来讲，只有闪电战才有机会，绝对不能够持久战。一来，老百姓都想过安稳日子，如果快速拿下清朝江山，老百姓是乐意支持的；二来，清朝的实力不容小觑，占据江南各省，打持久战吴三桂也不是对手啊；再说，人家已经是大统了，而且在中原皇帝都传了两代。

只能闪电战，可惜吴三桂放弃了，他放弃了整个江山。

吴三桂放弃过江可能跟个人迷信也有关系。据说，吴军到达澧县时，忽然天降大雨，雷电交加，闪电恰好劈中了吴三桂的车子，车夫的衣服和头发都烧焦了。吴三桂不知这到底暗示什么，后来听说衡山上面有座岳神庙，庙里藏着一只神龟，这只白色的神龟非常小，只有铜钱一般大。

吴三桂听说这只小白龟非常灵验，便到衡山上占卜。吴三桂把神龟放在一张全国地图上，然后，闭着眼睛祈祷，发现这神龟在地图上爬来爬去，就是不出长沙、岳州、常州，最后爬到云南就停止不动了。吴三桂很吃惊，又占卜了一次，发现还是这个结果，再占卜了一次，仍然是这个结果。

吴三桂心想，神谕大概是让自己别出长江，以云贵为根据地，实现划江而治的理想，以后再图发展。

如果事情真是如此的话，康熙应该感谢这只神龟。

听到吴三桂求神龟问卦的事，谋士刘玄初在云南气得郁郁而终，临死前留下一句话：“惟望天早生圣人以靖中华耳。”潜台词是：老吴你宁愿相信一只乌龟，居然不相信我，我瞎了眼了。

这里我们说说刘玄初这个人。刘玄初在吴三桂的谋士中还是比较有才智的。刘玄初也就是前文提到的刘茂暇，他当时力主立明朝后裔为帝，可惜被假面军师方光琛搅黄了。刘玄初最早是跟着刘文秀混的，后来投靠吴三桂帐下。这个刘玄初可很早就看出康熙要撤藩，吴三桂造反时，他力主立明朝后裔为皇帝，不这样做的话，得不到南明的一些遗老的支持，还有，立明朝后裔，百姓从心理上也能接受。

对于康熙的决策，刘玄初也能预测，他知道康熙下一步要出什么牌。可惜，他辅佐的是吴三桂，吴三桂这个人当大财主和大军阀都绰绰有余，可惜偏偏就不是皇帝的料。他没有那个王气，没有那种总揽天下秦皇汉武的气魄和胸襟。

刘玄初之于吴三桂就像郭嘉之于曹操一样，曹操失去郭嘉后，人生突然变得不顺。赤壁之战大败后，曹操仰天长叹：“郭奉孝在，不使孤至此也！”

论起雄才大略，吴三桂比不上曹操，刘玄初死后，吴三桂一再处于被动挨打的局面。刘玄初死后不久，吴三桂就解除了手下第一猛将马宝的职务。接着，是一连串的军事惨败。

耿精忠的失败

早在吴三桂起兵之前，耿精忠就有了谋反的念头。康熙十二年（1673年）八月，他让人带着一封密信来到台湾，收信人是郑经。在信中，耿精忠大大地赞扬了郑经的忠心：阁下您在海那边孤忠高悬日月，实在让人敬佩，我们虽然在清朝的卵翼下生活，但其实是委曲求全。现在，开创大好局面的时机很快就到了，你我不妨联手，建立万古基业如何？

郑经收到这封信后大喜，两个月后就派遣水军到澎湖等待，一旦耿精忠起兵的消息传来，立即响应。吴三桂造反后，康熙第一时间派遣使者告诉耿精忠："你不用搬家了，以前的军队也归你管。"耿精忠便让人通知郑经，宣布计划暂缓实行，先观察一段时间。

清廷派福建总督范承谟安抚耿精忠，范承谟将兵部交还给耿精忠兵权的文书交给耿精忠，耿精忠却正眼不瞧范承谟。范承谟非常生气，却只能忍气吞声。随后，耿精忠跟朝廷的关系越来越紧张，耿精忠担心范承谟暗算自己或是搜集情报，他觉得自己不能干等下去了。

恰好，福州街头传来谶语："七星再拜真天子，分明火从耳边起；杀尽三山牛出血，身骑白马军中止。"这谶语什么意思呢？七星是指七口井，恰好耿精忠府门口就有七口井，火从耳边起，火和耳正好组成一个耿字，那意思就是说耿精忠要当皇帝。

谶语一出，耿精忠通知郑经，然后抢先发难。囚禁了范承谟全家后，耿精忠效法吴三桂让官民蓄发，打出“反清复明”“除暴安民”的口号，带领一万人的军队迅速地占领了福建。

一个吴三桂就已经让康熙坐立不安，耿精忠的叛乱无异于雪上加霜。危急关头，康熙并没有失去理智，充分显示了其危机公关能力。

康熙明确地把斗争矛头指向吴三桂，对于其他人，康熙表示，只要迷途知返，不仅不追究责任，还给予优待和赏赐。征剿和招抚两手并用，康熙的目的是分化和瓦解敌人，将吴三桂孤立起来。

康熙一边安抚耿精忠，希望他弃暗投明，一边派遣大将希尔根、赖塔和根特巴鲁，兵分三路，对耿精忠进行围剿。

由于耿精忠一意孤行，康熙下诏削除耿精忠的王爵，扣押耿精忠在京的兄弟，同时康熙还发布公告，表示胁从的人不问罪，及时回头的人重重有赏。康熙在征剿耿精忠之前，就对大将们说，只要耿精忠投诚，就当善待。康熙反复强调说，耿精忠和吴三桂的情况不同，耿精忠家族效忠清朝四十多年，渊源深厚，耿精忠的背叛更多的是一时无知，受吴三桂蛊惑。过了两个月，康熙又将耿精忠的兄弟们释放出来，声称耿精忠的弟弟远在北京，没有和耿精忠密谋，所以无罪释放，官复原职。

康熙所做的这一切虽然没有让耿精忠立刻回头，但对于塑造自己的英明形象有很大帮助。这是一场舆论战、政治战，康熙只有将自己明君形象展现在世人面前，才能让天下人感觉吴三桂等人是谋反作乱；反之，吴三桂等人就是替天行道吊民伐罪了。

在平叛过程中，浙江总督李之芳是比较给力的，他总是亲临在第一线，几次和耿精忠的部队交战，击败耿精忠。所以，耿精忠一直在福建周边兜圈子，始终打不开局面。

面对清军一连串的军事打击，耿精忠的部队屡遭重创，他手下的那批将领把耿精忠的脸面丢尽。部将曾养性连吃败仗，退到温州死守，仗着温州四面有水，暂时抵抗住清军的攻势；另一员大将马九玉则依靠江山、常山、开化三县的大山，利用河流，阻挡清军的进攻。

看到耿精忠处于困境，郑经伸出援助之手，不过郑经开出的条件让耿精忠无法接受：郑经要“借”泉州和漳州。耿精忠迫于形势，接受了郑经的条件，但是郑经帮忙打退清军后，耿精忠又食言，不想将泉州和漳州交给郑经。郑经火起，强夺泉州和漳州，两人因此反目成仇。

清军见机，袭击屯兵九龙山的马九玉，在清军的炮火轰击下，马九玉战败，率领三十多个骑兵逃走。江山、常山失守后，耿精忠一路衰到底，部将纷纷献城投降。

到了这个地步，耿精忠仍然不肯投降，只要有一线希望，他就不会放弃。现在最大的希望就是进入福建的一条险要的关隘石塘，耿精忠派心腹大将连登云领重兵把守，企图阻止清军进入福建。可惜这一切都是徒劳的，清军兵分多路，接连攻破耿精忠的大营，将耿精忠围住。

到了这时，耿精忠已经陷入了四面楚歌的境地，军事上连连失败，政治上内外交困，内部问题更严重，将士逃亡，军饷匮乏，部将不听指挥。除了这些不利因素，耿精忠还得提防郑经。

对于穷寇，康熙并没有赶尽杀绝，他让康亲王杰书前去招降耿精忠。耿精忠犹豫不决，他想投降，但是又有太多的担心。他一方面担心康熙帝秋后算账，另一方面担心范承谟将来会报复自己。自从造反以来，耿精忠将康熙的忠臣范承谟关在牢里有两年多。这两年多，范承谟在牢里也没有闲着，本着对耿精忠的刻骨仇恨，范承谟每天都在牢里写七言绝句，这些诗全是骂耿精忠的，汇聚成一本诗集《百苦吟》。

耿精忠心想，如果我投降的话，作为大清的忠臣，你范承谟将来在皇上面前说我坏话，我就算投降也难逃一死。这么一想，耿精忠恶向胆边生，决定杀人灭口。耿精忠将范承谟及其兄弟、幕僚和家奴总共五十三人全部杀害，并焚尸荒野。其中，有一个看守敬佩范承谟的人格，偷偷地在荒野捡了一块没有烧完的骨头，跑到京城，向康熙禀报了范承谟的死讯。听到这个消息，康熙极为悲伤。他用隆重的礼节为范承谟哀悼，并加封范承谟太子太保和兵部尚书头衔。

康熙是一个高明的政治家，虽然他隆重哀悼范承谟，却没有收拾凶手耿精忠。对于投降的耿精忠，他仍然给予优待，让他继续当靖南王，并征讨郑经，将功补过。康熙这么做很显然对范承谟不公，看到这里，我们不禁为范承谟惋惜了。可是，先别急，我们千万不要小看了康熙。

在当时的情况下，康熙不能收拾耿精忠，一方面是需要利用耿精忠对付郑经，另一方面他已经对天下做出承诺，投降的不追究。如果收拾耿精忠的话，等于是自食其言，其他的叛乱分子必然会负隅顽抗到底。

康熙高明的地方就在于，他利用耿精忠打败郑经，等到三藩平定天下太平的时候，他才动手收拾耿精忠。耿精忠的下场是非常惨的，凌迟处死，子孙部下皆斩。

尚之信的叛降

三藩中，尚可喜是最聪明的一个人，他对形势看得很清，既想维护自己的地位，又想保持跟清朝的和睦关系。

康熙十三年（1674年），户部尚书梁清标带着撤藩的圣旨来到广东时，尚可喜非常不安。接见梁清标后，尚可喜一言不发，气氛十分紧张沉闷。梁清标晚上在藩府睡觉的时候，能够听见藩府甲兵兵器发出的声响，梁清标翻来覆去睡不着觉。天亮之后，尚可喜带着尚之信等一行人匆匆赶到，众人异口同声地请求："现在动身很困难，我们愿意守广东，报效朝廷的恩德。"

尚可喜不愧是老谋深算，一个概念转换，就把不愿撤藩转换成报效国家。

梁清标也是个聪明人，他这次来不只是要撤藩，也是试探尚可喜的意思。梁清标说道："诏令还没有宣读，平南王怎么就说动身呢？在我离京之前，皇上曾私下里对我说，平南王忠心耿耿，功高劳苦，跟别人有所不同，可以永远镇守广东。今天要撤的仅仅止于平西王。"

此言一出，气氛顿时解冻，藩府内紧张情绪骤然冰消，出现了个皆大欢喜的局面。藩府内载歌载舞，张灯结彩，一片欢乐的场面。尚可喜热情地招待了梁清标，在拜谢梁清标的时候，尚之信呆头呆脑地愣在那里，尚可喜踢了他一脚。从这个小事就可以看出，尚之信根本就是成事不足败事有余的料，偏偏这样的人还喜欢造反。

吴三桂造反后，送信给尚可喜，希望他举兵响应。尚可喜毫不犹豫地拒绝了，把吴三桂的使者押起来，送给清廷，还修建了"尽忠楼"，表示对清廷绝无二心。

不久，耿精忠在福建拉起反叛大旗，孔有德的女婿孙延龄在广西响应吴三桂的号召。孙延龄这人很不厚道，他自己反叛就反叛，居然拉尚可喜下水，在反叛檄文中扬言"三藩并变"。尚可喜知道这事后又急又怕，立即向康熙上疏表白："老臣虽然和耿精忠结为亲家，但是精忠谋反这事，老臣根本不赞同。老臣已经七十多了，虽然愚蠢鄙陋，但也不至于蠢到向反贼求功名富贵！老臣唯一的心愿就是守护岭南，为皇上全忠。”

尚可喜这份奏疏表达两个意思，第一个意思是我没谋反，第二个意思是别撤我，还有半个意思：如果撤我，说不定我也会反的。

康熙看了尚可喜的奏疏，对着心腹说：“尚可喜是个聪明人啊，我喜欢这种人。”

心腹拍马屁说：“因为圣上也是聪明人啊！”

康熙微笑，接着说：“在这个危急关头，尚可喜能识时务，朕一定要善待他。”

康熙下旨褒奖尚可喜忠贞无二，让他协助总督金光祖，合力剿匪。潮州总兵刘进忠向耿精忠投降，尚可喜命儿子尚之孝讨伐刘进忠；与此同时，尚可喜上奏，希望由尚之孝继承自己的王爵。康熙没有二话，点头同意。康熙给予了尚可喜极大的信任和权力，康熙下令，凡是督抚提镇以下，一概听从平南王节制，一切调兵遣将的事情，由尚可喜斟酌裁定。第二年正月，康熙加封尚可喜为平南亲王，虽然只是多了一个字，却有亲疏之别，一般来说，亲王只封给王室家族里的人。

尚可喜发兵后，屡次传来捷报，但是并没有取得大的胜利。刘进忠被打败后，把郑经从台湾请到潮州，打败了尚之孝的部队。与此同时，耿精忠进入江西等地，和吴三桂形成掎角之势，切断了清军在江西和广东之间的联系。吴三桂接着与高州的叛军祖泽联合，在广东迅速打开局面，先后拿下雷州、德庆、开建和电白等县，继而下东莞，入南海。清朝的水师总兵孙楷和副将赵天元都归降了。

尚可喜剿匪不力，忧愤交加，躺在床上起不来，只好让尚之信掌管军事。

本来尚可喜是比较看好尚之孝的，但尚之孝自从被打败后，没有理由再担任主将了。尚之信人品不好，尚可喜也知道，没办法，但他是长子，尚可喜又没有特别能干的儿子。

前段时间，尚可喜申请让尚之孝继承自己的爵位，早已让尚之信憋了一肚子火。吴三桂看到这个裂缝，决定收买尚之信，承诺事成之后，封尚之信为王。

尚之信是一个来者不拒的人，在康熙十五年（1676年）二月二十一日，他果断地发动兵变，杀了尚可喜的谋士金光，接管平南王职权。事成之后，吴三桂让人送来“招讨大将军”印，尚之信感动地接受了。

尚之信“归顺”吴三桂后，两广总督金光祖、巡抚佟养钜和陈洪湖也归顺吴三桂。吴三桂势力如日中天，吴三桂命尚之信派兵看守平南王府，尚之信照办不误，把自己的父母兄弟全都看管起来。

尚之信谋反之事让尚可喜无地自容，尚可喜本来剿匪不力就已经感觉有愧于康熙，现在儿子谋反，让他悔恨交加。尚可喜本已重病在床，知道没有机会翻盘，事到如今，只有以死明志。尚可喜想投缳自尽，被下属发现，虽然被救活，但病情越来越重。临终前，他让儿子给自己穿上清帝赐的朝服。

尚可喜死后，尚之信掌握了一切大权，弟弟尚之孝“闲居广州”。为了拉拢尚之信，吴三桂又封他为辅德亲王，尚之信虽然接受了，但玩起了权术，为了保存实力，他不听吴三桂调遣，想坐山观虎斗，收渔翁之利。吴三桂要进入广州，他以种种借口拒绝。清军袭击长沙时，吴三桂让尚之信袭击清军后方，尚之信纹丝不动。尚之信深知此举得罪了吴三桂，让人给吴三桂送去了十万两黄金。

十万两黄金能平息吴三桂的愤怒吗？尚之信冷静思考后，知道这是不可能的事情，尚之信又后悔那十万两黄金。在康熙十五年十二月，自知得罪了吴三桂的尚之信向康熙伸出了橄榄枝：“我们父子世受国恩，怎么敢怀有异心呢？这件事纯粹是吴三桂这个奸人挑拨，我愿意将功补过，希望皇上能够给个机会啊！”

康熙虽然知道尚之信这个人不可信，但是为了孤立吴三桂，他还是接受了尚之信的投降。

尚之信在承袭平南亲王王爵后，老毛病又犯了，千方百计保存自己的实力，让广东成为自己的永久领地。吴三桂指挥不动尚之信，康熙也指挥不动。康熙命尚之信进入湖南讨伐吴三桂，尚之信以潮州总兵刘进忠还没投降为由，拒绝出兵湖南。

后来，康熙几次让尚之信协助剿匪，他都置之不理，完全是耍康熙玩。康熙非常生气，但是非常时刻，说话还是挺委婉的："没有立刻发船到韶州，导致错失战机，平南王啊，这不能不说是你的失误造成的。"

尚之信这种人属于典型两边不讨好，像这种人，只有一种前途，自己当皇帝。否则，无论是康熙得天下，还是吴三桂一统江湖，尚之信都不会有好下场。

吴三桂死后，天下局势迅速扭转，以前局势对清廷不利，现在天平倒向康熙这边。吴三桂的将领纷纷叛变，胜负之势已经明朗。这时候，自以为聪明的尚之信主动提出要进广西剿匪，康熙马上准奏。康熙这个人不愧是一个忍术高手，他何尝不是对尚之信恨得咬牙切齿。

尚之信干的混账事实在太多了，虽然归顺康熙，但他根本不把康熙放在眼里，他曾对金光祖说："皇上让我出兵，却连一个黄顶戴都舍不得，太小气了吧！"

还有一次，他对盐驿道佥事李毓栋说："你到这里来，事事跟我作对，我就是一刀砍了你，你以为皇上能把我怎么样？"其嚣张可见一斑。

一次宴会中，尚之信喝酒喝高了，对一个巡抚说："如果不是我归顺清廷，你现在能在广东混吗？以后在这里，什么事都顺着我，要知道，敢杀巡抚朱国治的不光只有吴三桂一个人。"巡抚没有被吓着，当即严词斥责尚之信，尚之信又狡猾地笑道："酒话，酒话，老兄你别当真，哈哈！"

巡抚没跟他计较，反而建议他把自己的儿子送到京城入侍，他却不识时务地说："天下还没有平定，怎么可以送幼童出门远行呢？”

如果说这些还只是言语嚣张，尚可以理解，尚之信还做过更过分的事。叛将孙楷宗归降后，康熙已经原谅了他，尚之信却把他打死，这是公然不把皇帝放在眼里。尚之信曾派护卫张存到京城，结果被康熙看上，升张存为总兵。尚之信听了狂怒，百般侮辱张存。护卫张士选因为一句话得罪了尚之信，就被他射成残疾。

收拾尚之信的日子很快就到了。天下平定后，康熙让人检举尚之信的不法行为，最后裁定尚之信有谋反罪，理应诛灭三族。但康熙考虑到尚可喜的功劳，从宽发落，最后说道：“尚之信这个人不忠不孝，罪恶滔天，本来应该处斩，但是朕曾经授予他亲王头衔，决定法外施恩，赐死；至于其家属，由于平南王尚可喜忠贞不贰，一概赦免。”

康熙的政治手腕和权术智慧在处理三藩问题时表现得淋漓尽致。

吴三桂的败亡路

这场叛乱的主角无疑还是吴三桂。在整个平叛过程中，康熙对所有人都收买，唯独对吴三桂姿态强硬，誓要灭掉吴三桂，由此可见，吴三桂实力之强大，已构成了对清朝赤裸裸的威胁。

康熙十三年（1674年），吴三桂正式自称为周王，废弃康熙年号，称周王元年。一般认为，这是吴三桂造反过程中最大的失败。吴三桂在造反初期，打出明朝后裔的口号，收到意想不到的效果，现在自称周王，无疑给世人野心家的感觉，而且反反复复，让人失去信心。在檄文中，吴三桂曾明确表示立明朝后裔。这是吴三桂造反之路第一个重大的决策失误。

这个失误是不应该的，因为有一些门客已经指出，不应该改年号，应该奉明朝为正宗，自己仍然称平西伯——这是崇祯皇帝封给吴三桂的爵位。门客还建议，应该像以前讨伐李自成一样，全军缟素，昭告天下反清复明的决心，这样一来，不仅可以得到普天下汉人的支持，更能得到明朝遗老遗少的辅佐。应该说，这个建议是非常好的，但是吴三桂出师顺利，短短两个月之间就拿下几个省，以至于吴三桂集团的大多数人认为单凭武力就可以推翻清王朝，不必立明朝后裔，免得以后麻烦。这是典型的为了省去小麻烦招来大麻烦的短见。

后来，吴三桂礼聘明朝少卿李长祥，询问他大计。李长祥让他赶紧立明朝的后代，收拢天下百姓的心。“一定要立崇祯的后代，这样效果最好。”李长祥说，可惜吴三桂不爱听这话。

吴三桂的一些幕僚举出项羽立义帝的例子，他们说：“当初项羽立义帝为主，最后义帝反而调兵遣将，让项羽陷入困境。如果将来我们打下天下，那明朝后裔又该往哪里放呢？总不至于杀掉吧？”

李长祥看到自己的计策得不到采用，心怀失望地离开吴三桂。

从这件事可以看出吴三桂没有主见，在政治远见这块，他不如年轻的对手康熙。

吴三桂自立周王让很多明朝遗老遗少感到失望，这些遗老遗少的宣传能力又特别强，无疑他们会抹黑吴三桂。说实话，吴三桂也不傻，他也很想得到这些人的支持，可惜这些人不跟他合作，至少在他们眼里，吴三桂这人野心太昭然了！

吴三桂曾经聘请明朝的遗老谢四新出山，谢四新给吴三桂留了一首诗：

李陵心事久风尘，三十年来讵卧薪。
复楚未能先覆楚，帝秦何必又亡秦。
丹心早为红颜改，青史难宽白发人。
永夜角声应不寐，那堪思子又思亲。

吴三桂读到这首诗，痛骂："腐儒，书呆子，小人。"

这些人固然是腐儒，可吴三桂就没有想到自己是不是太蠢，为何捷径不走要抄远路，阳光大道不走偏要挑羊肠小道。

原明朝的士大夫对吴三桂可谓是恨得牙痒，有说吴三桂大逆不道，有说吴三桂愚不可及。甚至在响应吴三桂的一些地方将领中，这事也产生了不小的消极影响。其实大家都知道，就算你吴三桂立明朝的后代，将来江山还是你吴三桂的，但姿态是一个非常重要的问题，有了这个姿态，你吴三桂才能给大家仁君的感觉，大家才会迁就你很多的缺点。

如果说恢复明朝社稷，天下老百姓肯定是举手欢迎的，还是有很多人都不愿意拖着一根长长的辫子。但这个前提是有大明这个招牌，人都是恋旧的，何况国家社稷这样的大事，谁都不愿意暴发户突然当皇帝。

吴三桂出师之初，犹如秋风扫落叶，各地闻风而降，这种架势仿佛吴三桂就是真命天子一样。

吴三桂迅速在湖南一带站稳脚跟，将整个湖南纳入势力范围。吴三桂的胜利就像一个冲击波，所有那些对清朝不满的人，纷纷举起反清大旗。

襄阳总兵杨来嘉在谷城起兵。杨来嘉是福建人，以前是郑经的都督，在康熙三年降清。随后，郧阳副将洪福带领着自己的亲兵投降吴三桂。更大的叛变还是在四川，吴三桂从起兵伊始，就对四川给予了高度的战略重视。康熙对四川也非常重视，四川与云南接壤，吴军很可能进犯四川，康熙派重兵把守四川各个重要关口。

康熙的援兵还没有到达四川，就传来四川都督郑蛟麟和川北总兵谭弘叛变的消息。郑蛟麟和谭弘以前都是明朝的旧臣，郑蛟麟是明朝的都司，谭弘以前是明朝的总兵。吴三桂封郑蛟麟为总督将军，谭弘为川北将军。与此同时，四川巡抚罗森、总兵吴之茂也投靠吴三桂。

康熙急了，催促大将军瓦尔喀火速进军四川，同时安抚郑蛟麟等人："朕能够理解你们的心情，你们完全是被吴三桂胁迫，身不由己，只要你们及时回头，朝廷绝不为难。"

叛乱之势迅速在全国蔓延，甚至蔓延到京城，清朝的统治危在旦夕。这一切实在出乎康熙的意料，他万万没想到撤藩会引起这么大的连锁反应，所以在平定三藩之后，他不仅拒绝臣子对自己的歌功颂德，反而当众罪己，从此以后，做出任何决策都显得慎之又慎。其实，康熙的想法是这样的，他认为天下太平，老百姓都不希望打仗，撤藩后，三藩就算叛乱也很难形成大的气候。

在京城，一个叫杨起隆的人，自称是朱三太子，密谋在京城暴动。杨起隆和部众约好，以放火为号，聚众起义。这次起义虽然被镇压下来，但引起了京城百姓的不安，为了避免引起更大的骚乱，康熙只惩治了闹事的头目，对于其他人等一律从宽赦免。四个月后，又传来河北总兵蔡禄密谋造反的消息，康熙第一时间派遣阿密达到河北处理这事。阿密达先下手，将蔡禄全家拿住。平息了京城起义和粉碎蔡禄谋反的意义是重大的，这就等于稳固了后方，为康熙全力平叛奠定了基础。

起兵三个月，吴三桂控制了云南、贵州、四川、湖南四省，但是连锁效应更大，福建、江西、浙江、广东、陕西等地纷纷叛清，响应吴三桂。事实上，悄然之间，这场叛乱的性质发生了改变，已不仅仅是吴三桂跟清朝争夺权力的斗争，而是汉族和清朝统治者的斗争。

位于广西的孙延龄因为娶了定南王孔有德的女儿孔四贞，掌管了广西的军政大权。叛乱发生后，康熙对孙延龄寄予厚望，希望他牵制吴三桂的后方。但孙延龄这个人也对清廷不满，为了日后和吴三桂共享富贵，孙延龄以议事的名义把一些忠于清廷的将领召集起来，然后一声令下，早已埋伏好的刀斧手将这些将领一网打尽，手段够狠够辣。

孙延龄接着胁迫广西提督马雄投降，马雄不从，两人打了起来。马雄虽然打赢了，但势力不如孙延龄，听说吴三桂的大军已经来到广西，宁愿投靠吴三桂，吴三桂遂封马雄为怀宁公。

吴三桂企图化解孙延龄和马雄之间的矛盾，可惜效果不大。吴三桂也是个惜才的人，他更加看重马雄，因为马雄还是比较能打仗的，而孙延龄仗着势大，能力不怎么样。

在湖南打仗的时候，吴三桂让孙延龄支援，孙延龄却找种种借口拒绝。吴三桂于是对孙延龄猜忌，让人密切监视他的动向。

孙延龄是个左右摇摆的人，加上他的老婆孔四贞跟清廷的关系密切，在孔四贞的说服下，孙延龄又产生了归顺清廷的想法，这事也没逃脱吴三桂的耳目。吴三桂派自己的从孙吴世琮前去除掉孙延龄。吴世琮来到桂林后，借口找孙延龄议事，让孙延龄来自己的大营，孙延龄不知是阴谋，前来议事，结果被杀死，胸膛被刺了个凉透心。

接着，吴世琮召见广西巡抚马雄镇，作出礼贤下士的姿态劝马雄镇投降。哪知马雄镇刚烈忠贞，不仅不投降，反而对吴世琮破口大骂。吴世琮脾气并不火爆，看自己无法说服他，便让马雄镇休息，第二天又找能说会道的人劝降，置办了盛馔招待马雄镇。可惜，马雄镇不吃这套，将桌子掀翻在地。吴世琮看招降无望，便将马雄镇的全家绑起来，当着马雄镇的面将他全家一一杀掉，当屠刀悬在马雄镇头上时，马雄镇毫无惧色，依旧痛骂吴三桂，最后饮刀而死。马家女人也都是刚烈之辈，听说男人们都被杀害，在家里集体自尽。

杀害马雄镇全家后，吴世琮仍然觉得不解恨，将他们全家的尸骨暴尸四十余日。就这样，吴三桂控制了广西。

在这个大动乱时代，有两个举足轻重的人物影响到大局的走向，分别是平凉的王辅臣和甘肃的张勇，这两人以前都是吴三桂的部将。吴三桂跟这两人的关系都挺密切的，以前他们跟着吴三桂的时候，吴三桂就非常欣赏他们骁勇善战的本领。这两人如果起兵的话，就等于可以控制陕西和甘肃一代，大西北就可以纳入势力范围，加上两人兵力雄厚，直接可以威逼京城。有了这两人的支持，吴三桂问鼎天下应当不是什么难事。

然而，令吴三桂没有想到的是，昔日的爱将居然拒绝了他。理由其实并不奇怪，因为康熙对这两人恩情也很深，比吴三桂还要深，在收买人心这块，康熙比吴三桂更拿手。王辅臣不仅没有背叛，还将吴三桂的使者押送到北京，交给康熙发落。

但考虑到王辅臣、张勇和吴三桂的关系，康熙仍然不是十分放心，派遣钦差大臣莫洛到陕西担任经略，统领一切军政大事。

然而，不久就发生了变故。吴三桂的军队兵分三路包围了宁羌，康熙命莫洛前去救援。

莫洛到达宁羌州不远的地方时，跟王辅臣的军队相隔不远。两军莫名其妙就打起来了，王辅臣亲自上阵，击退莫洛。战斗中，莫洛当场死亡，王辅臣大获全胜。

王辅臣叛乱的消息传来，康熙大惊，他实在不懂王辅臣为什么突然叛变。所以他招来王辅臣的儿子王继贞，问他原因。王继贞也不知道，吓得浑身发抖。康熙安慰他说："你不用害怕，这事跟你无关，我知道你父亲忠贞，应该不至于做出谋反的事情，一定是跟经略莫洛闹矛盾了，所以才误入歧途。你马上回去，宣布朕的命令，你父亲无罪，杀莫洛罪在众人。希望你父亲能够继续杀贼。"

康熙让人给王辅臣带去一封信，在信中，康熙没有一句责备王辅臣的话，反而夸他忠贞不贰，一定是被叛贼胁迫；随后，康熙又回忆了和王辅臣交往的一些细节，娓娓道来，就像是一封写给老朋友的信。

王辅臣收到信后，非常感动，给康熙回了一封信，详细阐明了自己叛变的原因。根据王辅臣的说法，他之所以叛变是因为莫洛排挤他，伤了他的自尊。

王辅臣的说法显然不能尽信，莫洛排挤他可能是事实。但事实上，他已经收取了吴三桂的贿赂。听说他起兵的消息，吴三桂立即给他拨了二十万两白银，王辅臣待在西北这么穷苦的地方，第一次有人这么大方地给他拨款，他想不动心都难。康熙虽然一再承诺不追究他，但王辅臣始终心怀疑虑，担心这只是康熙的权宜之计。尤其是自己杀害了莫洛，康熙能这么算了吗？莫洛是清朝贵族，康熙的心腹，难道康熙会让莫洛白白死掉？

所以，王辅臣表面上归附清廷，实际上跟着吴三桂抗拒清兵。西北越来越乱，叛将越来越多，随后，王辅臣又攻打兰州。在西北一带，能够撑起大梁的就是张勇了，为此，康熙封他为靖逆侯，将甘肃全省的军政大权都交给他。

康熙十四年（1675年）十二月，宁夏发生兵变，张勇的得力助手陈福被乱军杀死。张勇推荐赵良栋取代陈福的位置，张勇、赵良栋、李进宝被誉为“河西三汉将”。最终，这三人和王辅臣展开了激烈的战斗，收复了陕甘，为康熙立下了巨大的功劳。

吴三桂饮马长江之时，没有及时渡江与清军展开决战，这是吴三桂集团的第二个重大决策失误。吴三桂做出这个决策一方面可能真是迷信，跟那只神龟有关。但他也有自己的战略考虑，吴三桂这个人一生求稳，一旦渡江的话，将会冒很大的风险。一旦受挫的话，后方的根据地云贵很可能不稳。

吴三桂停止前进，给了康熙一个很好的喘息时机，与此同时也让自己军队的士气低落，磨损了锐气。

康熙从全国调集了二十万兵马，其中有很多是蒙古兵，和吴三桂展开了决战。吴三桂的手中的兵力是二十万，加上一些策应部队，大概在三十万左右。双方都不可能轻易取胜，这再次证明吴三桂军队的战斗力还是非常强的，没有趁热打铁实在是可惜。

吴三桂二十万精锐部队主要集中在湖南，吴三桂非常重视岳州这块地方，他把岳州交给自己的侄子吴应期。吴应期是一员猛将，由他镇守岳州，吴三桂比较放心。就目前来说，吴三桂完全具备了划江而治的资本。但霸业的根本就是不可能与人共享天下，偏安一隅的结果就是灭亡。

要么得到所有，要么一无所有。

说实话，清军总司令康熙这时已经捉襟见肘了，到处都有请求增兵的折子，但康熙手中已没有多少兵了。康熙一再敦促统帅勒尔锦夺取岳州，结果喊了两年，勒尔锦还是按兵不动。于是，清军和吴军形成了荆岳对峙之势，清军守着荆州，吴军守着岳州。

清军在西北战场上取得胜利，扭转了局势，图海、张勇等人打败王辅臣后，等于剪掉了吴三桂的一只大翅膀。

康熙十六年（1677 年），全国战场的形势发生战略性的转折。清军经过短暂的战略性撤退后，很快就开始了全面反攻。西北战场收服王辅臣，将四川叛军逐回老巢。康熙十七年十月，耿精忠投降，福建平定，清军进一步收复东南地区。

反攻的条件已经具备了，清军开始对吴三桂进行战略包围。清军选择湖南的茶陵和攸县为突破口，并迅速撕裂缺口，将战果扩大。不久，清军又攻克郴州、桂阳、兴宁等城镇，招抚了吴三桂的总兵王育民等人。

军事上的失败导致吴三桂内部军心动摇、士气低落，将领之间矛盾凸显。吴三桂手下有一个智勇双全的将领叫高大杰，此人打仗非常厉害，能攻能守，曾多次击败清军。但是他和另一个将领韩大任有矛盾。韩大任这个人比较会玩关系，爬到高大杰的头上，对他百般侮辱欺负，最后高大杰郁闷而死。

韩大任镇守吉安，结果被清军击败，一路逃到湖南。途中，他听从谋士的建议，带领上万精兵投靠了清廷。接着，清廷又招抚了韩大任的余部近五万人。可以说，韩大任的投降让吴三桂承受了重大的损失。不久，吴三桂的水师将军林兴珠也投降。

康熙十七年（1678年），吴三桂六十七岁，造反整整五年了，吴三桂却陷入了内外交困的境地。看到吴三桂的情绪一天比一天低落，部下为了让他打起精神，建议他称帝。吴三桂心里清楚，自己很快就会走进山穷水尽的地步，称帝不过是完成内心的一个愿望而已，但他还是选择了称帝。

康熙十七年三月一日，吴三桂在衡州称帝，建国号为周，改年号为昭武。吴三桂的这个举动是毫无意义的，他放弃过江的机会，最终走到这步田地，不是因为战术的错，吴三桂打仗还是很厉害的。吴三桂的失败是战略的失败。

决战终归是要来的。在长沙大战中，吴三桂余勇犹在，双方总共投入了十几万的兵力，吴三桂大军分成三路，和清军展开厮杀。吴三桂三路都旗开得胜。

清军也展开了对岳州的进攻，可惜没有半点进展。在局部战场上，吴三桂军队仍然表现出了骁勇善战的一面，可惜大势已定，纵是天神下凡也不能力挽狂澜。

到了这时候，清军还不敢跟吴三桂交战，对他存着畏惧心理。

岳州城强攻不行，清军便将其围困起来，岳州城闹饥荒。吴三桂派兵救援，可惜被阻回。吴应期没办法，只好派兵出击，成功地突围了出去。岳州再次回到清军手中。吴应期的这次逃跑，说得好听点是突围，其实是为吴三桂造反大业敲响了丧钟。

回想吴三桂的一生，他是一个枭雄，一生轰轰烈烈，阴谋与大气并存，金戈铁马，荣辱共存，他的一生深深地影响了后来的历史。在当时错综复杂的形势下，我们不能用简单的是非观来评价这个人。

吴三桂是一个生命力非常顽强的人，他始终在与命运抗争，没有坐以待毙，无论是当年保卫明朝，还是后来为自己的奋斗，以及现在守住自己藩王的地位。

临死之前，吴三桂也没有选择绝望，选择消沉，他想进行最后一搏。

在吴三桂去世前，他布置了一次大规模的反攻，他派遣胡国柱、夏相国带领几万人分别进入广东和广西。这两人也非常给力，夺取了大量城池，尤其在广西，几乎将广西全境收复。

可惜，局部的胜利并不能改变什么，吴三桂的人气指数直线下降，部属们纷纷离他而去。六月份，他的结发妻子张氏病死，吴三桂的精神再一次遭受沉重打击。不久，他就病倒了。重病中，他让孙子吴世璠来衡州。吴世璠是吴应熊的儿子，吴三桂将帝位传给孙子。说是帝位，其实是个烂摊子。

吴世璠还没赶到衡州，吴三桂已经病逝。康熙得知后，立即全面进剿吴军。在清军的威逼下，吴应麟带着吴世璠从贵阳逃到云南，接着，吴应麟在交水纠集兵力，打算废掉吴世璠，自立为帝。大将郭壮图得到消息后，率军到交水，诱惑吴应麟出城犒军，将吴应麟当场勒死。

这次内乱还只是一个开始，接着，内乱越来越多。一些将领密谋擒拿吴世璠和郭壮图献给清军。吴世璠得知这个消息后自杀，郭壮图父子也双双自刎。清军进入云南后，到处寻找吴三桂的尸骨，有一天挖出了十三具尸骨，全都焚烧成灰。其实，这些都不是吴三桂的尸骨，吴三桂的尸骨只有少数人知道。后来，吴三桂的侄子出面，供出吴三桂的尸骨所在。康熙对吴三桂充满了刻骨之恨，将他的尸骨锉成灰，分发给各省。

历经八年的削藩战争，康熙终于险胜，清帝国度过了最惊险的时刻，康熙仍然心有余悸。所以，臣民们要求给他上尊号的时候，他断然拒绝。这不是什么帝王的品德，什么谦逊治国，是他对过去所作所为的反思。他没有想到撤藩会引起那么大的危机，抛开将黎民百姓陷入水深火热不说，他差一点就为自己的冲动葬送了清帝国。

第三章　康熙妙手取台湾①

一天，郑成功登台瞭望后，穿上明朝朝服，坐在高台上，一边喝酒，一边看明太祖朱元璋的《皇明祖训》。读到第二章的时候，郑成功忽然发出感慨："我有何面目见先帝于地下？"

郑氏家族

康熙元年（1662年）五月初八，一代风云人物郑成功去世。

郑成功在临死前，满脑子想的还是光复大明，他拖着病体勉强登台，用望远镜瞭望澎湖列岛。

① 台湾最早的正式命名源于清朝。清代以前，台湾和澎湖均隶属于福建省行政管辖。

真是一代忠臣，让人想起“鞠躬尽瘁，死而后已”这句话。

一天，郑成功登台瞭望后，穿上明朝朝服，坐在高台上，一边喝酒，一边看明太祖朱元璋的《皇明祖训》。读到第二章的时候，郑成功忽然发出感慨：“我有何面目见先帝于地下？”

郑成功死后，由于没有指定继承人，台湾发生了危机。郑成功的弟弟郑袭暂时掌控局面。郑袭随之滋生了独揽大权的想法，而远在厦门的世子郑经听到这个消息，非常愤怒。他可不允许叔叔篡位，抢先一步在厦门袭位。

叔侄两人争权，导致台湾混乱，人心涣散，将领间互相猜忌。清廷乘此机会，派遣福建总督李率泰和靖南王耿继茂前往厦门，向郑经招安。

此时，郑经处于内忧外患中，台湾控制在叔叔手中，前方是清廷大军，不跟清廷谈判活不下去。此时此景，郑经选择了妥协。他先让自己的族人率领八千人投降，自己跟清廷谈判，表面是谈判，其实是拖延时间。为了取得清廷的信任，郑经陆续上缴明朝的公侯伯印以及土地清册。

第二年，郑经带着心腹周全斌、陈永华和冯锡范等人打回台湾，平息内乱，一改此前的态度，拒绝招抚。

郑袭失败后，投降了清朝。十月，清廷任命靖南王耿继茂为统帅，兵分三路进攻厦门、金门和泉州。除了泉州一路清军大败外，另外两路都取得了胜利，攻克了厦门和金门。

康熙三年（1664 年），镇守铜山的周全斌降清，郑经率领战舰撤到台湾。就这样，郑成功经营多年的沿海根据地全部落入清军手中。

康熙六年（1667年）五月，清廷派遣福建总兵孔元章，带着郑经舅舅的信前往台湾和郑经协商，希望两岸进行通商。清廷主动示好是有条件的：郑经必须向清廷俯首称臣，定期纳贡，并送子入京做人质。郑经也提出了自己的条件：不剃发，像朝鲜那样拥有高度的自主权。对此，清廷不能接受，谈判破裂。

后来，孔元章又几次赴台协商，但都没有达成共识。不过，在这过程中，郑经巧妙地实施了一个反间计。他在言谈中不经意地问了句："听说施琅和阁下关系好，有没有文书作为交往的凭证呢？"

孔元章听在心里，回去后把这事马上告诉了清廷。清廷还真像蒋干一样中计了。

施琅是福建晋江人，早年是郑芝龙的部将。顺治三年，施琅跟随郑芝龙降清。后来，郑成功邀请施琅一起反清，施琅拒绝了他。郑成功一怒之下，将施琅的父亲、弟弟、一个儿子和一个侄子都杀了。由此，两人结下深仇大恨，施琅发誓要报仇。

施琅从小就生活在海边，水性很好，而且对郑氏知根知底，可以说是康熙收复台湾的一个利器。康熙元年，施琅被提拔为福建水师总督，在攻克厦门和金门的战役中，施琅都立下大功。康熙三年，清朝授予施琅为靖海将军，负责训练水师，为渡海攻台作准备。

施琅的事业正在步步高升之时，孔元章忽然把这个消息告诉清廷，清廷不免怀疑施琅跟郑经勾结。清廷原本对于降将就不是很放心，便将施琅调到京城监视，授官内大臣。随后，清廷撤销水师，焚烧战船，将水师调到外省，导致攻台计划流产。

康熙八年（1669年），清廷再派遣豪华使团出使台湾，希望郑经能以大局为重。郑经仍然坚持自己的原则：不剃发，像朝鲜那样。

郑经的太极玩得出神入化，让康熙这样有耐心的皇帝都禁不住烦躁起来。康熙甚至差点做出让步，答应郑经的条件，结果被明珠阻止了。

吴三桂造反后，耿精忠在福建响应，并邀请郑经一起出兵。郑经如约，出兵攻占了泉州、漳州、潮州三郡。康熙十四年（1675年），郑经和耿精忠联合攻打广东，拿下许多城池。耿精忠是个非常贪婪的人，势力壮大后，没有如约将事前答应的漳州和泉州送给郑经。郑经很生气，后果比较严重，郑经直接攻下了漳州和泉州，据为己有。

康熙十五年（1676年），耿精忠投降，清军收复了漳州、海澄一带，将郑经赶到厦门。

当时，吴三桂虽然在走下坡路，势力还是非常强大。康熙为了集中精力对付吴三桂，决定对郑经做出让步。康亲王杰书奉命与郑经谈判，但郑经提出的条件比以前更苛刻，不仅仍然坚持以前的原则，还加上了许多附加的条款。如果息兵的话，清廷必须出让漳州、泉州、惠州、潮州四府。康亲王做出让步，表示可以不剃发，可以像朝鲜那样，但是不同意给郑经的军队发粮饷。

郑经一看，要这样的话，就必须再割出一部分沿海城市。双方仍然一边谈一边打，但是由于地盘问题一直谈不拢。

吴三桂死后，清廷平定了三藩，集中精力攻打郑经，将郑经又打回台湾岛。

姚启圣和施琅比赛收复台湾

姚启圣，浙江会稽人。其人任侠豪迈，轻狂不羁。

根据一些野史笔记的记载，姚启圣这个人力大如牛，胡须非常长，目光炯炯有神，如同闪电。姚启圣年轻时到各地游历，一次睡着了，鼾声如打雷，有个仆人偷看，觉得他就像一尊老虎雕塑一样。姚启圣个人性情非常豪爽，喜欢到处打抱不平。

那么姚启圣是怎么走上仕途的呢?

耿精忠造反的时候，姚启圣捋须大笑："一竖子耳，在我眼里他就像池塘里的青蛙，能有多大作为啊，哈哈哈！"

当然，姚启圣也不是光说不练，他很快就证明自己说的不是空话。他和儿子姚仪散财，招募了几百人，投到康亲王杰书的麾下。很快，姚启圣由于屡立战功，得到杰书的赏识，提拔为温处道佥事。耿精忠投降后，姚启圣被擢升为福建布政司，负责征讨郑经。康熙十七年，姚启圣升任福建总督。才五年的时间，姚启圣就从一个被革职的知县当上了一省总督，升得确实很快。

也就是从这时起，姚启圣这个名字跟台湾的命运紧紧地联系在一起了。

两年后，姚启圣晋升为兵部尚书加太子太保衔，此人的能力由此可见一斑，但姚启圣却是个“狂人”，并不安分。

康熙二十年（1681年），御史徐元文弹劾姚启圣，列举他七大罪，并建议将他革职查办，永不叙用。姚启圣的罪名主要是贪污受贿，搜刮民脂民膏；生活堕落，包养一大批歌女舞姬，还强占他人妻子；排挤同僚，侵占他人功劳。

对于这些指控，姚启圣态度强硬，一概予以否定。对于这些指控，康熙并没有追究，他知道姚启圣是个可用之才，当时正是用人之际，不但没有处罚姚启圣，反而给他加官晋爵。这是康熙用人高明的地方，他知道姚启圣虽然轻狂，得罪了不少人，但是对朝廷忠心耿耿，处于可控范围中。对于这样的人，没有必要追究。

平定台湾的任务落到姚启圣头上。姚启圣在陆地上大战还行，但对于水战并不精通。所以，姚启圣给康熙推荐了一个人：施琅。要不要用施琅，康熙是犹豫的。施琅的能力康熙看得一清二楚，但是他不太相信施琅这个人。一方面是因为施琅背景复杂，另一方面上次郑经的反间计至今还施加着影响，加上后来康熙解除施琅的权力，把施琅召到北京，施琅进京后的生活过得很不如意，心有怨念。

不过，在京期间，施琅仍然密切关注郑氏集团的动向，研究海战方面的兵书，准备有天再次报效朝廷，澄清别人对自己的怀疑。

真正让康熙下定决心启用施琅的保荐人是李光地。李光地是康熙的亲信大臣、内阁学士，李光地曾和施琅谈论战事，施琅对战事的精辟分析深深地让李光地折服。李光地从此佩服施琅的才智和谋略。

一天退朝后，康熙让明珠和李光地单独留下，询问他们对郑氏的策略。李光地分析了多年来招抚失败的原因，表示招抚这条路走不通，只能用兵。康熙问他："用兵的话有没有合适的人选呢？"

李光地打起了太极："点将，这么大的事，臣怎么敢参与呢？"

康熙又说："就你看来，有没有可以信任的人，说说无妨啊！"

李光地还在犹豫，康熙一再催促他。最后，李光地说道："此事非同小可，让我好好考虑几天吧，考虑完了我会给圣上答复的。"

康熙不等李光地答复，就催促明珠去问，李光地委婉地说道："要说信任的话很难找到一个完全值得信任的人，综合考虑，还是施琅更适合一些。"

康熙于是亲自召来李光地："施琅的能力朕知道，但是你能保证他不会有其他的麻烦事吗？"

李光地想了想说："施琅的才略确实无与伦比，但是为人比较孤傲，成功之后还得靠圣上妙手妙法啊！"

在李光地的推荐下，康熙于是在内庭召见施琅，问他计策。施琅对答如流，精辟地阐述了对台的用兵之策，康熙帝很满意，任命施琅为福建水师提督，加太子太保头衔。

施琅被提拔的这年，郑经去世，年仅十二岁的郑克塽继位。郑氏集团内部斗争更加激烈，人心涣散，为收复台湾提供了契机。

施琅来到福建后，姚启圣感觉到巨大的压力，他发现，这个人在很多方面并不输于自己。

施琅跟姚启圣一样，也是个很自负的人，做事雷厉风行，而且不买姚启圣推荐之恩的账。

从上任开始，施琅就要求掌管指挥征讨台湾的独立指挥权，姚启圣当然不高兴了。但当施琅把康熙的密信交到姚启圣手里时，姚启圣也只能眼巴巴地看着施琅全权负责。

姚启圣是负责招抚工作的，施琅却是来打仗的，目标不一样，工作当然无法协调。姚启圣非常担心，自己好不容易打开的局面被施琅搅黄。但施琅就像一个疯子一样，一再奏请快点攻打台湾。姚启圣急了，也上奏请求征剿。

对于两人的竞争，康熙看在眼里，笑在心里。

因为各种原因，康熙没有立即让他们征剿台湾。直到康熙二十二年（1683年），才下令由施琅负责，进剿台湾。

这年六月，施琅率水军从铜山出发，不小心被流矢射中了眼睛。施琅没有停顿，号召全军快速前进；和刘国轩经过一番血战之后，终于拿下澎湖列岛。

澎湖一破，郑氏基本宣告失败。施琅就像一个复仇的疯子，不拿下台湾誓不罢休。姚启圣在一旁沉不住气了，立即上奏，要求由自己收复台湾。

六月初八，施琅收到郑克塽的乞降信，郑克塽表示愿意剃发称臣，永居台湾，报效朝廷。施琅却断然拒绝，八月，施琅大军进入台湾。郑克塽带领文武百官前去迎接，并在台湾张贴安民剃发的告示。

郑氏归降的消息传到京城，正是中秋佳节，康熙很是喜悦，亲自写诗赞扬施琅，授予他靖海将军，封靖海侯，并赐御袍。

施琅名利双收，姚启圣却并无封赏，他回到福州后不久，不久旧疾复发去世了。

后人常常夸康熙会驾驭人才，用名利做诱饵，让属下竞逐，由此也收到超乎寻常的效果。

台湾回归祖国怀抱

康熙二十二年，郑克塽、刘国轩、冯锡范等人奉命来到京城。康熙授予郑克塽公爵头衔，刘国轩和冯锡范为伯爵，给他们分配上等住房。在统一台湾的过程中，刘国轩起了很大的作用，施琅特地保荐了他。施琅说台湾岛地势险恶，波涛汹涌，要想轻易夺取恐怕很困难，在这种情势下，刘国轩依然决定归顺朝廷，免致生灵涂炭，功劳实在不小。

康熙二十三年（1684年），康熙提拔刘国轩为直隶天津总兵，刘国轩临行前，康熙亲自召见他，对他说：“台湾那地方郑氏控制了六十多年，朕知道你一直心怀忠诚，前次施琅用兵征剿，你能顺应天命，让我很感动，所以特地提拔你为天津总兵。天津这地方跟其他地方不同，应该多注意安抚工作，让兵民相安，百姓安居乐业，这就是我对你的期望。”

此后，康熙还赏赐刘国轩大量的土地，答应刘国轩三代可以继承他的爵位。

台湾已经属于清政府，但在此之前，朝中实际上对弃留的问题还有不同的看法。当时有些朝廷大员和封疆大吏认为台湾孤悬海外，容易滋生盗贼，干脆不要了，直接守着澎湖列岛就行。还有人建议说，把台湾岛上的人民迁到内地，将台湾岛弃置不用。

康熙年间，人口大概有四五千万，面积却比现在还大，所以不用担心住房紧张耕地不足的问题。但某些人主张放弃台湾岛的观点是缺乏远见和战略意识的。

这时，施琅再一次发挥了作用，他对台湾实在太了解了，他告诉康熙台湾千万不能丢，如果不要台湾必然会酿成大祸，收下台湾却可以永镇边疆。这种见识是非常明智的，台湾岛就像大清国的一个海外基地，不沉的航空母舰，无论是在当时还是在后世都有极高的战略意义。施琅还反复强调，台湾并不是一个可有可无的荒岛，台湾是一个宝岛，物产丰富，土地肥沃。如果将当地人迁到内地，他们肯定是不乐意的，再说迁徙很不容易，而且要花费巨资；另外，台湾也是对付荷兰殖民者的一个防守要地。

康熙英明的地方在于能够听取大家的意见。深思熟虑之后，康熙表示："台湾这块地方关系重大，放弃不要的话肯定不行；如果迁徙当地人民，又担心人民流离失所，抱怨多；派人镇守的话，又担心形成地方割据；如果换人，三年一守，换来换去的话，对当地人也不太好。"

最后，康熙决定在台湾设立一府三县，派遣一个巡道负责，台湾隶属福建。这样一来就削弱了台湾的地位，防止镇守台湾的人养虎为患。康熙派遣的驻台士兵也不多，只有八千，这些士兵统一受福建总督节制。

不久，康熙就任命杨文魁为第一任台湾总兵，临行前，康熙叮嘱他："台湾远在海角，刚刚平定，人心可能不稳，你到了以后，一定要安抚有方，该立威的就应该慑之以威，该施恩的应该怀之以恩，总之要达到海外升平，一片和谐。"

在台湾问题上，康熙再一次展现了自己的"妙手政经"，这些经验对于今天仍然有借鉴意义。

第四章　寸土必争——康熙大战沙俄

全歼雅克萨城内的俄军容易，但是修得百年和平难啊！再加上这时候蒙古部落的一个叫噶尔丹的酋长很不安分，噶尔丹是一个很有野心的人，他看到沙俄在边境滋事，意识到翻江倒海的机会来了。噶尔丹企图和沙俄勾结，在清朝北部边疆攻城略地。康熙不希望也不允许这种情况出现……

罗刹来了

清朝的发祥地在东北一带，所以在清王室眼里，东北一直是龙兴之地，跟别的省份有所不同。

清朝入关之后，东北一带由此防守空虚。就在康熙平三藩收台湾的时候，一群不速之客闯入了满洲人的龙兴之地。

这些人非常野蛮，穿着兽皮，拿着火枪，冲进了黑龙江流域的达斡尔，这里是女真人的聚居地。当地人非常害怕这些野蛮人，因为这些人非常凶狠，他们烧杀抢掠，将当地人像猎物一样捉住，然后戴上枷锁，强迫他们做奴隶。

罗刹是佛经里的词语，原意是食人恶鬼。由于哥萨克人在东北一带表现得跟食人恶鬼没什么两样，所以当地人就称他们为罗刹。

十六世纪下半叶，沙俄积极对外扩张。崇祯五年的时候，沙俄在勒拿河畔建立雅库茨克城，逐渐将魔爪伸向我国黑龙江地区。

崇祯十六年（1643 年），雅库茨克的首领戈洛文派遣波雅科夫闯入黑龙江的达斡尔，做出了种种令人发指的事情，以至于后来一提到哥萨克，黑龙江人就想起吃人野兽的样子。当时，清政府鞭长莫及，没人管这里的事情。当地人民只好组织起自发的武装力量。

顺治六年（1649 年），雅库茨克来了一个新的统领——弗兰茨别科，他任命哈巴罗夫为头领，率领七十名哥萨克人组成远征队，向黑龙江进军。清廷还没出面，哈巴罗夫就遭到了当地人的激烈反抗，哈巴罗夫吃了当头一棒，终于清醒地意识到：想靠区区几十个人去征服人口稠密的达斡尔是不可能的，也是不切实际的。

于是，哈巴罗夫匆匆赶回雅库茨克，申请调动六千人征服黑龙江全境。沙皇并不是一个大方的人，肯定不放心把六千士兵交给哈巴罗夫，但也给他增拨了两百的人马，要求哈巴罗夫拿下达斡尔。

哈巴罗夫带领几百士兵来到黑龙江，攻打雅克萨，达斡尔酋长阿尔巴西就住在这附近。哈巴罗夫占领雅克萨后，在这里修建了坚固的防御工事，企图将这里作为进一步进攻黑龙江的据点。哈巴罗夫将雅克萨命名为阿尔巴津。接着，他们开始对附近的村庄四面出击，用洋枪洋炮对付赤手空拳的村民，血腥和残酷顿时在黑龙江边蔓延开来。

沙俄的野蛮行径激起了清朝人民的愤怒，当沙俄进一步入侵之时，当地居民一边抵抗一边向清军报警。镇守宁古塔的清军昂邦章京率军阻击沙俄入侵者，当地的人民纷纷协助清军作战。就在清军和人民冲进敌人堡垒的时候，昂邦章京海色居然下了一道愚蠢的命令："不准杀死哥萨克，捉活的。"结果给沙俄以可乘之机，他们趁机拉回大炮，对清军进行了轰击，清军付出很大伤亡，被迫撤围。

这一战，清军虽然被打退，但是震惊了沙俄。哈巴罗夫不得不撤走。随后，沙皇又任命斯捷潘诺夫为达斡尔地区长官。顺治十二年的时候，清军都统安达礼重创俄军，后来由于粮草缺乏，安达礼不得不班师离开，导致斯捷潘诺夫在黑龙江横行。

顺治十三年（1656 年），又有一支沙俄军从叶尼塞斯克出发，闯进石勒格河流域，在顺治十五年占据蒙古族居住地尼布楚，并将尼布楚据为己有，在这里建筑堡垒。

斯捷潘诺夫带着五百人在松花江一带横行无忌，终于遭到清军的阻击。宁古塔昂邦章京带领一千四百人在松花江畔和俄军展开激战，击毙了头领斯捷潘诺夫，杀敌二百七十多人。随后，清军收复雅克萨，摧毁俄军堡垒。

顺治十七年（1660 年），宁古塔总管沙尔虎达子巴海得知俄军在费亚喀部落西岸，立即赶到那里，埋伏起来，当俄军出现时，发动突然袭击，大败俄军。胜利之后，清军并没有进一步巩固成果，而是撤军离开。

康熙四年（1665 年），沙皇派遣切尔尼科夫斯基再次攻占了雅克萨，之后任命切尔尼科夫斯基为雅克萨长官。侵略者们以雅克萨为据点，开始向黑龙江中下游渗透。

这次，侵略者比以前更高明了，不再像以前那样野蛮，反而展开了外交战和心理战，极力拉拢少数民族的首领，进行分裂和颠覆活动。达斡尔酋长根特木耳本是清朝的四品官。在沙俄的引诱下，居然叛国，逃亡尼布楚，结果导致了中俄之间的“逃人纠纷”。

康熙十二年（1673 年），陆续有一些将领叛逃。当时国内不稳定因素正酝酿，康熙并不倾向于用武力解决问题。

早在顺治的时候，沙俄就派遣使者进入北京，当时沙俄使者不肯下跪，由此导致外交上的礼仪危机，结果双方闹得很不愉快。

对沙俄的侵略行为，康熙试图通过外交途径解决，而沙俄虚与委蛇，一面和清廷周旋，一面继续进行武装侵略活动。

康熙八年和九年，清廷两次派遣索伦等人到尼布楚交涉，要求沙俄当局立即停止无耻的侵略行为，并将叛国分子根特木耳等人遣返回国。可惜，沙俄对这些都置之不理。沙俄不吃软，只吃硬，康熙在心里摸透了沙俄这个特点，决定时机来了，就好好教训一下沙俄。

康熙九年（1670 年）四月，沙俄的使团来到北京，态度强横，要清朝低头服输，并允许北京与沙俄自由通商。面对这么狂妄的使者，清廷居然仍然非常友好。这就奇怪了，其实康熙等人完全不知道使者在说什么，宫廷里没有一个懂俄文的，所以对于对方的侮辱性言辞和内容一无所知，反而善待他们，临走时还给他们许多礼物。这无疑让沙俄以为清廷是软柿子。

不久，康熙让索伦带着国书去尼布楚，国书中表示愿和沙皇永修友好，但沙皇必须履行两个条件：一、归还根特木耳等人；二、不得骚扰边境。沙皇无视康熙的要求，根本不做任何回应。

康熙十四年（1675 年），俄方派出以尼古拉·斯帕法里为首的百人使团来京，俄方使者给康熙一份国书，要求他允许两国互市，清朝每年将四万两左右的银子和其他宝贵物品运往沙俄，购买清朝需要的货物，指定海陆通商航线，释放被俘虏的沙俄人。对于边境问题和遣返叛徒回国的问题，沙俄使者却只字未提，康熙问起时，他们借口看不懂汉字，所以没办法照办。

但康熙还是以礼相待，不跟这些人一般见识。尼古拉在京期间，不光是为了外交，更多是为了刺探清朝情报。他曾在比利时传教士南怀仁那里得知一些情报，南怀仁告诉他：如果不引渡根特木耳，康熙一定会对俄作战，康熙打算先攻打阿尔巴津和尼布楚要塞，先发制人。现在之所以没打，是因为在准备，如果边境的哥萨克士兵能够安分守己，停止骚扰，康熙皇上或许不会攻打。

有人认为南怀仁是个间谍，康熙看错了他。但笔者怀疑南怀仁的那番话可能是康熙的计策，目的是希望沙俄能够知难而退，达到不战屈人之兵的效果。一个比利时人犯不着为了俄国出卖自己的信仰，康熙对待南怀仁一直不错，待之以师礼，他有必要跟自己的皇帝学生过意不去吗？

沙俄不为所动。后来清朝出现了三藩动乱，沙俄趁火打劫，加强武力扩张，企图占领整个黑龙江。几年间，黑龙江鸡犬不宁，康熙忙于三藩，无暇顾及。

在征讨之前，康熙先大量搜集情报，了解敌我形势。三藩之乱给康熙留下了很深的影响，从此他做事慎之又慎。

雅克萨之战

康熙二十二年（1683 年），清军在黑龙江东岸古城的废墟上建立起黑龙江城，也就是瑷珲。在这里架上大炮，预备军舰，布置一千五百名官兵，由宁古塔的副统领萨布素率领。第二年冬天，康熙又增派一千宁古塔和达斡尔官兵到黑龙江城。这年冬天，康熙又从北京派出六百士兵前往黑龙江城。为了对付俄军大炮，康熙又从全国各地将大炮运往黑龙江城。

在粮草方面，康熙也下了很大功夫，他很清楚，如果粮草不充足，即使战争胜利了，也无法巩固胜利果实。康熙给黑龙江城送去了大量的粮食，这些粮食可以维持三年。

萨布素率领一千人在黑龙江一带巡视，前锋部队遇到了六十六名沙俄侵略军，萨布素下令迅速包围俄军，俄军无奈之下，只好选择缴械投降。在反抗侵略者的斗争中，黑龙江人民也起了不可估量的作用，他们拿起武器，保卫家园，击杀外来的侵略者。当地人民配合清军消灭俄军，为他们做向导，给他们提供食物。军民同仇敌忾，赶走了黑龙江中下游的俄军，雅克萨变成了一座孤城。

这些行动为决战的胜利奠定了基础。

康熙二十三年（1684 年）五月，副都统马喇和萨布素商量，决定先割取俄军的田禾，等俄军粮草陷入困境，再派轻骑剿灭。康熙接受了这个计策，让萨布素兵分两路向雅克萨进发，一路军队捣毁俄军田禾，另一路埋伏起来，如果俄军出现，就伺机灭掉。

可惜，出于种种原因，萨布素并没有执行康熙的命令，他的理由是毁掉对方的田禾不方便，徒然让士卒疲劳。这个理由非常奇怪，由于我们不在现场，无法知道当时的情况，萨布素的话肯定是借口，他是不是有什么难言之隐呢？我们不知道，我们只知道萨布素是一个优秀的将领，而且相当清廉。他当时之所以这么做肯定有他自己的理由，将在外军令有所不受也是可以理解的。但是雄才大略的康熙皇帝很愤怒，指责萨布素坐失良机。在随后的一些作战中，康熙对萨布素也很不满。

康熙在武力备战的同时，也没有放弃和平解决的途径。对于被俘的俄军，康熙要求部众善待，不准杀戮一人。

康熙二十四年（1685年）三月，为了让俄军尽快撤出雅克萨，康熙致书沙皇，国书由投降的俄军带到莫斯科，这番国书有礼有节、恩威并在，内容如下："以前，我们两国井水不犯河水，你们没有骚扰过我们的边境；后来，你们入侵我边境，骚扰百姓，民不聊生。本来，朕应该立刻发大军征讨，但恐这么一来，伤了两国的和气，让边境百姓受苦，所以不忍发兵。朕以前把自己的想法和态度告诉了你们使臣，还派人到雅克萨和尼布楚反复讲明立场，至今没有看到你们派人来回信。你们不但不收敛，反而变本加厉，跑到我国来，滋事抢掠。即便如此，朕也不想立刻征讨，只是派遣官兵，截断你们的去路，对于投降的罗刹，朕一个都没有杀，反而恩养他们……但你们始终不知好歹，仍然无法无天，这是在逼朕动刀子啊！如果你们尚有爱民之心的话，希望你们体谅你们的百姓，免得他们承受战乱之苦。希望你们立刻撤出雅克萨和尼布楚，回到你们自己的国家，如果你们能做到这点的话，两国就相安无事，和睦相处。”

对于康熙的警告，沙俄根本懒得理会。和平解决边境问题是没有希望了，于是，康熙命令都统公彭春、前都统郎坦、班达尔沙和萨布素为将领，率领满汉蒙达斡尔等三千人的军队前去攻打雅克萨。

三千人在边境战场上规模还是非常大的，从前面我们看到，经常是几十上百人交战。三千大军从瑷珲出发，分成水陆两路，进攻雅克萨。

六月初，清军终于抵达雅克萨，将指挥部建立在雅克萨对面的一个小岛上。六月二十三日，清军来到雅克萨城下，在交战之前，清军将康熙的书信交给俄军。在书信中，康熙再次表示只要俄军撤出雅克萨和尼布楚，兵戈之事就可以避免。

先礼后兵，康熙的政治智慧在当时世界绝对是一流的。不过，俄军并不买账，他们仗着城堡坚固，对清军出言不逊，更别说迁回沙俄内地了。

清军于是包围了雅克萨。二十五日清晨，俄军的一支部队坐船来支援雅克萨城，清军将领林兴珠带着士兵跳进水中，拿到大刀冲向敌船。由于在水中，俄军的炮火完全不管用。看着清军勇猛的样子，俄军惊呼："大帽鞑子。"

清军靠近船只后，大砍敌军的脚，俄军死伤大半，纷纷坠入江中。侥幸逃脱的俄军头也不敢回，这一战，清军没有损伤一个人。

赶走了俄军援军后，清军开始集中火力攻城。俄军有大炮，清军也有大炮，双方打得难解难分，最终俄军不敌，清军的神威大炮轰得俄军伤亡惨重。看到俄军吓破胆后，清军开始在城墙周围堆积柴火，准备焚烧城堡。雅克萨长官托尔布津吓得满头是汗，再这么抵抗下去，可能有全军覆没的危险。无奈之下，托尔布津向清军投降，并且表示再也不来雅克萨了。

战场上的胜利并不能弥补决策的失败，清军在攻陷雅克萨之后，没有在雅克萨驻军，甚至没有割取雅克萨附近的田禾，就将全部将士撤回到瑷珲。

令人气愤的是，清军放走托尔布津后，托尔布津回到尼布楚，碰上了拜顿的援军。拜顿是德国的一个军事工程师，得知清军撤离雅克萨后，他建议托尔布津再次占领雅克萨。这次，托尔布津带了五百人，再次占领雅克萨，并将附近的田禾收割，用作粮草。在拜顿的指导和监督下，俄军开始修建堡垒，由于有专家指导，堡垒比以前修得更坚固。

康熙二十五年（1686 年），萨布素侦查到俄军又回到雅克萨。萨布素把这个消息第一时间报告康熙，请求率舰队亲自去征剿。康熙还以为这是个谣言，他觉得罗刹不至于那么大胆，后来从一名俘获的俄军口里得知情况属实。

康熙下令："罗刹又在雅克萨城盘踞，如果不快速扑灭，他们势必会积粮固守，时间长了，要拿下来就比较困难了。"

萨布素和郎坦等人率领两千多官兵由瑷珲出发，分水陆两路，在七月十八日抵达雅克萨城下。到了以后，还是老一套，先警告俄军“速回本土”，俄军当然不买账。这次，托尔布津有军事专家拜顿的支持，加上火器充足，城防坚固；对比之下，清军由于紧急调动，炮火明显不足，主要武器还是弓箭大刀。尽管如此，清军还是主动出击，在当地居民的帮助下，屡次击败俄军。

当然，这次要攻下城池确实没上次那么容易。雅克萨一带冬天来得特别早，八月份就特别寒冷，康熙让萨布素做好结冰时期的打算。在这种冰天雪地的地方打仗，天气是影响胜负的至关重要因素。一旦结冰，肯定对攻城一方不利，守城者在城堡内至少不会挨冻。

萨布素不愧是一个优秀的边防大将，他针对各种情况，很快就出台了一揽子计划。首先，敌方城池坚固，萨布素暂停攻城计划，而选择长期围困敌人，他在城墙三面挖了壕沟，设置了木桩鹿角这些障碍物，同时在城对面的岛上筑起指挥所，当作士兵们的过冬营寨。萨布素还将炮口对准雅克萨，封锁江面；大江两岸驻扎有水师，防止敌人从江上逃走，此外，还在城上游的港湾内，埋伏好战船，堵截从尼布楚那边过来的援军。

萨布素负责围城，索伦再从后方运来粮草。

就这样，面对清兵的重重包围，俄军被困在城中无计可施。俄军几次企图突围，都失败了。托尔布津在一次突围中激战身亡，随后，拜顿接过指挥权。拜顿虽然是个军事技术专家，但是对于俄军当前的处境没有任何办法，城内俄军缺乏粮食和柴火，饥寒交迫，不少士兵病死饿死。八百多俄军最后只剩下一百多个人，眼看这些俄军除了投降再也没有活路，鉴于上次的经验，投降了清军会放过他们吗？这是他们不得不考虑的问题。

康熙再一次伸出了橄榄枝。或许有人非常郁闷，仗都快打赢了，干嘛还要送橄榄枝？要知道，康熙并不是打仗的将领，他是一个政治家，准确地说，一个高瞻远瞩的政治家。

全歼雅克萨城内的俄军容易，但是修得百年和平难啊！再加上这时候蒙古部落的一个叫噶尔丹的酋长很不安分，噶尔丹是一个很有野心的人，他看到沙俄在边境滋事，意识到翻江倒海的机会来了。噶尔丹企图和沙俄勾结，在清朝北部边疆攻城略地。康熙不希望也不允许这种情况出现，要想把内部的叛徒剿灭，必须先安定这些好事的罗刹。

康熙希望通过和平谈判的方式解决边境问题，并将这种意向用国书的形式交给沙皇。

沙皇本来也是个很强硬的人，但是考虑到雅克萨的俄军已经陷入绝境，如果不谈判的话，城内俄军就会全军覆没，雅克萨城一样是丢。万般无奈之下，沙皇接受了和谈的建议。

九月，沙皇派遣使者魏牛高到北京，通知清廷，俄国政府愿意接受和谈，已经指派戈洛文为大使举行边界谈判，希望北京方面能够撤回雅克萨的军队。

康熙面露微笑，立即下旨撤回雅克萨的清军，允许城内罗刹自由出入。康熙二十六年正月，朝廷派遣了一些医生到雅克萨去为清军治病，康熙对萨布素下令：“我军虽然和罗刹对垒，现在既已和谈，就不再是敌人，如果城内有罗刹生病，也给他们治疗。”

五月，清军主动后退二十里，七月，俄国谈判代表已经抵达边境。康熙再次命令清军撤退到瑷珲和嫩江一带，充分显示出了和谈的诚意。

《尼布楚条约》

外交是战争的延续，打仗并不困难，两次雅克萨之战清军都取得了胜利。这场外交战能够全胜吗？

在清军解除了对雅克萨的包围后，俄方反而一再拖延，故意让清廷焦躁，以此增加在谈判中的筹码。

俄方一再拖延，一年半后，戈洛文才派遣斯捷潘科罗文到北京，告诉康熙谈判地点定在色楞格。康熙表示同意，康熙二十七年（1688 年）三月，派遣侍卫内大臣索额图、都统佟国纲、尚书阿喇尼以及将军马齐、马喇等人前去谈判。除了谈判的人之外，还带了两百前锋士兵、四百护军、两百八十个火器营的士兵。

临行前，康熙对索额图说：“罗刹侵犯我边境，占据我尼布楚、雅克萨等地，收留我叛徒根特木耳，在我黑龙江边筑城，我们两次发兵，才逼得他们谈判。尼布楚、雅克萨，黑龙江上下，都是我们的地盘，不可让给罗刹哪怕一寸土地。根特木耳这些人，一定要罗刹归还，只要他们归还了，我们也归还他们的俘虏。划定疆界后，可以允许边境的人民自由通商。”

索额图等人五月出发，七月下旬，到达克鲁伦河，不巧遇上了草原枭雄噶尔丹。噶尔丹打败蒙古喀尔喀部落后，称雄于草原。索额图等人前行的道路受阻，康熙让他们暂时先回到北京。清廷让前锋将领索罗希前往色楞格，告诉他们受阻的原因，并建议俄方再派遣代表到北京，重新商定谈判的地点和时间。

康熙二十八年（1689年）四月，戈洛文再次派使者到北京，提议在尼布楚举行谈判。就在这时，噶尔丹征服了喀尔喀全境，势力逐渐庞大，暗地里与沙俄勾结，准备南下。由于形势的转变，康熙不得不在与沙俄的谈判中做出让步，以便及早腾出手来对付噶尔丹。

沙皇方面，对戈洛文的要求是：“以黑龙江为界，如果不能以黑龙江为界，最后的让步也应该把国界定在牛满河或者结雅河（精奇里江）。如果对方连这个都不接受的话，我们还可以再退一步，以雅克萨为界，但黑龙江与牛满河、结雅河（精奇里江）沿岸的渔猎场全部归我们。如果清朝人仍然坚持自己主张的话，没办法了，只能打了，所以军事方面也要准备好。”

沙皇也是个贪婪的角色，他想通过外交的方式得到战争得不到的东西，侵吞清朝黑龙江的大片领土。

然而，沙俄国内的情况也发生了一些变化。他们真正的扩张重心在欧洲，但是这一年沙俄的远征军在克里米亚遭遇失败，由此引发了国内的动荡，贵族和商人们都不希望俄国再和清朝发生战争。此时，沙皇也希望尽快和清朝议和，达成协议。在谈判之前，沙皇命令军队撤出雅克萨，并要求拆除防御工事。

康熙二十八年（1689年）七月三十一日，索额图等人到达石格勒河，距离尼布楚只有几里路；不久，萨布素带领的一千五百官兵也抵达尼布楚。让人气愤的是，戈洛文却迟迟没有来到。索额图多次派人到尼布楚催问，俄方却敷衍塞责。后来，戈洛文来信说明迟到的原因，并要求清军水师退到下游。

谈判的时间定在八月二十二日，地点设在尼布楚与河边的空地上，谈判的场所是郊外搭建的帐篷。谈判的原则是平等，双方都不得凌驾在另一方之上，两国使臣可以各带三百名侍卫，侍卫只能带冷兵器，不能带火器之类。会场外面，双方可以布置五百名卫队。

八月二十二日，第一次谈判大会正式开始，中方代表除了索额图、佟国纲、马喇、萨布素、郎坦等人外，还有两个西方传教士张诚和徐日升，他们负责翻译；俄方代表是戈洛文、弗拉索夫和科尔尼斯基。

戈洛文首先发言，他把中俄战争的责任全都推到清朝身上，诬陷清朝没有宣战就派兵侵犯沙皇的国界，所以沙皇才派遣大量精兵，携带无数的弹药来讨伐敌人，直到收到清朝皇帝的和谈信，热衷于和平的沙皇陛下才放下兵器，派我们这些人过来谈判，所以清朝应该对受害者俄国进行赔偿。

当翻译把戈洛文的话翻译过来后，索额图火冒三丈，痛斥戈洛文一派胡言，指出沙俄是侵略者，在黑龙江地区犯下了滔天罪行，清朝皇帝是忍无可忍才出兵讨伐，即便如此，也保持了最大限度的克制，没有杀害任何投降的罗刹。索额图一番义正词严的控诉让戈洛文哑口无言，戈洛文不想就谁是谁非这个问题争执。

他一再抗辩说尼布楚、雅克萨是沙俄先民开拓的地方，甚至说黑龙江流域自古就归沙皇。沙俄企图通过咄咄逼人的外交攻势，取得黑龙江以北的大片领土。索额图明确表示不可能，他说道："敖嫩河、尼布楚向来是我女真部落居住的地方。我们皇帝几次出兵都没有攻打尼布楚，并不是不想夺回这块地方，只是不忍心让人民死于屠刀之下。皇帝如此仁义，就是希望你们能幡然悔悟，及时回头。如果你们想强占这块地方，我们皇帝是绝对不会允许的。"

索额图要求沙俄交出尼布楚和雅克萨，退到色楞河以西。不过，第一次谈判没有得到结果。

第二天，进行了第二次谈判。戈洛文仍然坚持以黑龙江为界，索额图明确表示拒绝。戈洛文看这个方案不可能被中方接受，便抛出第二个方案，以牛满河和结雅河（精奇里江）为界，想把结雅河（精奇里江）东面和西面的大片领土包括雅克萨据为己有。索额图拒不接受，但此时索额图犯了一个错误，他亮出了底牌。他以为沙俄做出了让步，康熙又喜欢尽快达成协议，便把康熙最后的底线，也就是以尼布楚和音果达河为界摊了出来。这样一来，等于是把贝加尔湖以东至尼布楚的大片清朝领土让给沙俄。

尽管中方代表已经做出了重大让步，而且这个方案也满足了沙皇的训令，但是戈洛文仍然要尽手段，想多占有一些领土。看着戈洛文卑劣的表演，中方代表非常愤慨，索额图直接说道："除了尼布楚外，我们不会接受任何其他边界。"

这样一来，会议中断，谈判陷入僵局。双方一度剑拔弩张，沙俄增派了三百名火炮兵，索额图也采取措施，准备将尼布楚包围起来。

谈判仍然在继续，中方翻译张诚和徐日升告诉戈洛文："如果不将雅克萨及其附近的地区归还清朝，和谈不会有任何结果，到最后可能还是要通过武力解决。"

沙俄虽然固执己见，但清政府已经做出了让步，而且军队也已经准备好，再加上尼布楚一带的少数民族早已忍受不了沙皇的压榨，准备和清朝军队联合，共同反抗沙俄。沙俄在尼布楚的军力本来就不多，西伯利亚那边也没有兵力可以支援，如果逼清军走极端的话，很可能引起整个贝加尔湖以东的殖民区产生动荡，戈洛文可不想冒这个险。

九月七日，中俄双方经过反复磋商，终于签订了《尼布楚条约》，根据条约的规定，中俄两国东段边界以外兴安岭至海、格尔必齐河和额尔古纳河为界，黑龙江和乌苏里江流域的广大土地属于清朝。黑龙江和乌苏里江都是清朝的内河，清朝同意让出贝加尔湖以东尼布楚一带原属于清朝的土地，并允许沙俄在边境通商。沙皇同意将黑龙江内的军队撤回国。

在边界处建立了一个永久的界碑，可惜后来清政府不争气，还是让沙俄把雅克萨等大片领土夺了去。无论如何，这个条约奠定了中俄边境百年和平。

第五章　大漠孤烟马蹄疾
——康熙亲征噶尔丹

困难重重不过是为了表示康熙的钢铁决心，康熙又说，噶尔丹违背约定，横行无忌，如果不灭了他，边境将永不得安宁。康熙召集三品以上的武官商讨灭敌之策，大家都认为非常困难，都不愿劳师远征。在这种情况下，康熙仍然坚持剿贼，更令人吃惊的是，康熙居然要再次御驾亲征。

噶尔丹是何方神圣

清朝具有雄才大略的皇帝很多，但唯一称得上大帝的只有康熙。康熙一生不仅在文治方面有声有色，在武功方面也做出了骄人的成绩。康熙一生，指挥和经历的战争实在太多了，真正做到了运筹帷幄之中决胜千里之外。

唯一让康熙没有坐在帷幄之中的是一个叫噶尔丹的人，因为他，康熙三次御驾亲征。想想当年，对付吴三桂的时候，康熙都没有亲自出马。这个噶尔丹究竟是何方神圣，居然让康熙接连三次不远万里到草原上征讨？

1644年，清军入关，定都北京。也就是在这一年，天山脚下蒙古的一个部落里，诞生了一个婴儿，这个婴儿就是噶尔丹。

从努尔哈赤时代起，满洲跟蒙古就是世代姻亲的关系。清朝的成功也离不开蒙古人的支持，但是在康熙时，准噶尔部的首领噶尔丹逐渐崛起。噶尔丹就像一条贪吃蛇，陆续吞掉其他一些蒙古部落，发育得越来越壮硕。

噶尔丹是首领巴图尔珲台吉的第六个儿子，据说他从小就是个转世活佛，所以在他十三岁的时候，被送到西藏去学习。

噶尔丹在求学时非常刻苦，深得班禅博克多的欣赏；班禅圆寂后，噶尔丹跟随五世达赖学习，不仅学佛法，也学武功。这些学习无疑培养了他强悍的意志力。

康熙四年，噶尔丹的父亲去世，哥哥僧格继位。康熙九年，发生了内乱。在内乱中，噶尔丹的哥哥僧格被同父异母的兄弟和叔叔干掉。听到这个消息，噶尔丹召集哥哥逃散的士卒，在阿尔泰平原打败敌人。回来后，噶尔丹杀掉异母兄弟，囚禁叔父，击杀堂兄弟巴哈班第，一举夺取政权。

康熙十一年（1672年），噶尔丹脱掉僧衣，自称台吉，正式当上准噶尔部的首领。后来的事实证明，噶尔丹是一个军事强人，康熙十六年（1677年），他发动了一系列的军事行动，统一了卫拉特各部。同年，五世达赖授予噶尔丹“丹津博硕克图汗”，噶尔丹大有当年努尔哈赤的雄风。

噶尔丹的欲望是没有止境的，他不会到此为止。接着，他又用了两年的时间，征服了天山南麓，结束了叶尔羌汗国的统治。

噶尔丹的征战就像是一道冲击波，在大草原上引起了巨大的震荡。很快他就引起了康熙的重视，康熙得到情报：“噶尔丹攻克了哈萨克等国，攻下的城池有一千两百多座。简直就像当年的成吉思汗。”

康熙眉头深皱，他很清楚，噶尔丹的一系列军事行动，最终的目的就是统一蒙古，达到与清廷对抗的目的，然后效法当年的蒙古，夺取中原神器。

“决不能允许这样的事情发生。”康熙对自己说。

康熙毕竟不是崇祯，所以我们不用担心历史重演。

统一西蒙古后，噶尔丹策马直指东蒙古。他将自己的大本营从伊犁迁到东面的阿尔泰山，所有的一切都预示着一场巨大的军事风暴即将来临，带来这个噩梦的人就是噶尔丹。

对于噶尔丹，康熙仍然按照自己的套路出牌，首先伸出温柔慈祥的手，抚摸噶尔丹的头：“孩子，别闹了，都是一家人。”

对于康熙的安抚，噶尔丹表面上臣服，但是丝毫没有放松扩充势力。噶尔丹一面稳住清廷，一面攻城略地，壮大自己。噶尔丹会按时向清廷纳贡，后来五世达赖给噶尔丹加上大汗的头衔，康熙本不愿意接受噶尔丹的贡物，因为接受就意味着承认对方称汗。但为了大局的稳定，康熙还是接受了。

跟清廷搞好关系后，噶尔丹想攻打西河套蒙古，在打之前他们先试探康熙的意思。康熙非常明确地说：西河套蒙古属于卫拉特内部事情，跟你完全没有关系。

噶尔丹虽然对西河套垂涎三尺，但还是忍住了，没有攻取，兵锋越过西河套，向漠北蒙古冲去。

漠北蒙古又称喀尔喀，这里有三个大的部落，土谢图、车臣、札萨克图，在三个部落中，土谢图部落的势力又是最大的。

噶尔丹很早就把土谢图锁定为自己的目标，但由于土谢图汗跟其他部落联合起来，噶尔丹不敢贸然动手。后来，土谢图汗和札萨克图汗发生纠纷。札萨克图汗成衮死后，儿子沙喇继位。为了调解两个部落之间的纠纷，康熙派遣理藩院尚书阿喇尼带领札萨克图汗沙喇到库伦和土谢图汗察珲多尔济会盟。五世达赖则派出使者噶尔旦西勒图出面调解。多尔济本人没有参加这次会盟，让弟弟哲布尊丹巴呼图克图代替自己。这个人非常强硬，在会盟中要求跟噶尔旦西勒图平起平坐，并且拒绝交还札萨克的逃众。

这次会盟的失败给噶尔丹带来了机会，他借此斥责多尔济的弟弟不尊重五世达赖的使者，挑拨沙喇和多尔济的关系，扬言只要沙喇攻打多尔济，自己就派兵支持。沙喇听信了噶尔丹的话，派兵攻打多尔济，没想到途中被多尔济派人击杀。多尔济联合女婿罗卜一起对付噶尔丹，并杀害噶尔丹的弟弟。

噶尔丹终于找到了开战的机会，他以喀尔喀不尊重五世达赖和枉杀自己的弟弟为借口，对漠北蒙古进行了大扫荡。

康熙二十七年（1688年），噶尔丹率领三万大军翻越杭爱山，在特穆尔一带击败土谢图汗多尔济的儿子噶尔旦台吉。紧接着，噶尔丹让弟弟罕都阿拉布坦进攻额尔德尼召，击败了哲布尊。随后，噶尔丹亲自率军越过土拉河，东取克鲁伦河的车臣汗牧地，然后班师回到土拉河畔。土谢图汗察珲多尔济联合喀尔喀三部落的兵力，倾巢而出，同噶尔丹展开了生死决战。大战三日，尘土蔽天，喀尔喀那边全军崩溃，几十万人纷纷南逃。

喀尔喀的溃败引起了各方势力的关注。沙俄首先抓住机会，看到喀尔喀部落走投无路，决定诱降。喀尔喀的一些上层领导人也主张投奔沙俄。在这个重要的时刻，哲布尊丹巴呼图克图提出了反对意见：“俄罗斯不信佛，不仅语言和服装和我们不同，风俗也和我们完全不一样，投奔他们实在不是长久之计，不如我们投奔清朝皇帝吧！”

哲布尊的意见一出来，得到了大多数人的赞同。土谢图汗于是让哲布尊带领两万人投奔康熙。对此，康熙非常重视，让理藩院尚书阿喇尼前去慰问，将他们安置在归化城、张家口、独石口一带，给他们粮食，给他们牲口、金银还有茶布，并让他们在科尔沁水草地一带游牧。

一连串的胜利让噶尔丹自我膨胀起来，他觉得自己现在是草原上了不得的人物了，康熙不敢不买自己的账。他甚至给康熙写了一封信：如果喀尔喀人投奔天朝，希望皇帝能够拒绝他们，或者抓起来交给我，我一定会好好报答皇帝陛下的。

康熙对噶尔丹的回复是：朕统治宇内，把大家都看成同胞，一视同仁，希望各族人民能共享太平，没有离乱之苦。希望阁下能和喀尔喀人民和睦相处，不要再滋生矛盾了。

康熙要求噶尔丹归还喀尔喀的土地，噶尔丹当然不会听从，否则他辛辛苦苦流血流汗是为了什么。

对于野心勃勃的噶尔丹来说，这还只是一个开始……

大漠锋镝，康熙首征噶尔丹

漠北蒙古丧失，漠南蒙古就成为抵御噶尔丹的重要屏障。

在决战之前，康熙依然按照自己的套路先招抚噶尔丹，他屡次派遣大臣对噶尔丹做思想工作，收效甚微。他又要求五世达赖喇嘛派出一个有名望的喇嘛和清廷大臣一起劝说噶尔丹以和为贵。

噶尔丹在礼节上对清廷使者优待有加，表现得特别恭顺老实，并声明自己也是大中华家族的人，自己就是康熙皇帝的臣民。一方面态度极好，另一方面任何实际行动都不采取，恭顺层次仅停留在言语上。

经过长年的征战，噶尔丹手下已经有几十万大军了，实力是外交的本钱。噶尔丹仗着自己势大力强，公然拒绝康熙的建议，他对使臣说："我若与土谢图汗讲和，那我弟弟的命，谁来赔偿？我一定会灭掉喀尔喀的，抓住哲布尊。"

噶尔丹已经得到五世达赖的支持，他进一步谋求沙皇的支持，噶尔丹几乎每年都要派人进入俄国，希望跟俄国建立军事同盟，并得到俄国的枪炮资助。俄国方面也是来者不拒，只要有甜头的事情都干。

《尼布楚条约》签订的第二年，噶尔丹就让使者带着信去见戈洛文，希望戈洛文能够出兵协同作战。戈洛文则保证俄国军队会用实际行动支持，对此，康熙保持了高度的警惕。他一方面谋求和平途径解决问题，另一方面命令亲王福全对噶尔丹准备南下的大军进行抵御。八月，康熙又命自己的舅舅侍卫内大臣佟国维、领侍卫内大臣费扬古、理藩院尚书阿喇尼监视噶尔丹的动向，同时，康熙还命令蒙古各部落集结，随时听候调遣。

康熙二十九年（1690 年）五月，噶尔丹带兵四万，沿着克鲁伦河下游行军，渡过乌尔扎河，扬言借兵俄罗斯，一同灭掉喀尔喀。康熙立即致书俄国沙皇，质问道："噶尔丹扬言和你们会兵，共同入侵喀尔喀。喀尔喀已经归顺了我大清，如果误信了谣言，这可是违背誓言重新开启兵祸了，希望你们尽快停止这种可能导致两国纷争的行动。"

之前两次雅克萨之战的惨败，让沙皇对康熙始终心存畏惧。收到康熙的警告，沙皇最终只好收敛，不敢出兵。

即使没有沙皇赞助，噶尔丹也绝不会放弃军事计划。六月，噶尔丹沿着格尔格河进军，来到乌尔会河畔。理藩院尚书阿喇尼带着军队紧紧跟随噶尔丹，阿喇尼的任务是监视噶尔丹，康熙一再叮嘱阿喇尼千万不要和噶尔丹正面冲突，等各路兵马聚集以后再前后夹击。

不过，阿喇尼没有遵守康熙的指示，后续部队还没到来之时，他就向噶尔丹发动了进攻。阿喇尼派遣了两百个蒙古武士偷袭敌人的前锋部队，然后派五百个喀尔喀人骚扰敌人护送牲口和辎重的队伍。看到敌人的牲口和辎重后，由于部队争先恐后地抢夺，军纪一片混乱。看到部队一片混乱，阿喇尼下令撤军，可惜部队已经混乱，不听使唤。噶尔丹立即将部队分成两翼，布阵等待敌人。阿喇尼派遣清军进攻，噶尔丹让部队齐发火器。清军惊恐之下，连连败退。

接着，噶尔丹兵分两路夹击清军，清军溃不成军。阿喇尼擅自出战让康熙很愤怒，革去他的议政头衔，并降四级。

七月，噶尔丹挺军深入乌珠穆沁。康熙明白，必须重拳出击了。他命令哥哥福全为抚远大将军，儿子胤禔为副将军，从古北口出发；和硕恭亲王常宁为安北大将军，和硕简亲王雅布、多罗信郡王鄂札为副将军，从喜峰口出发；康熙自己，则率领中路军，亲自征讨噶尔丹。

康熙这次是铁了心要将噶尔丹一网打尽。为了一举摧毁噶尔丹，康熙屡次派使者去噶尔丹那里，扬言要和谈，实际是为了麻痹噶尔丹。

康熙的舅舅佟国维率领先锋部队。康熙对他说：“先遣部队到达前线后，如果噶尔丹准备逃跑，你们一定要全力追击；如果噶尔丹前来迎敌，千万要稳住，不要主动跟他们硬拼。”

佟国维问：“那我们应该怎么办呢？”

康熙说：“你可以告诉噶尔丹，圣上特派遣和硕裕亲王和皇子前来，和你和谈，申明礼法，从此以后，结盟友好。”

康熙还让人送给噶尔丹牛羊，噶尔丹也派人到清军大营里，一再表示愿意和清廷修好，秋毫无犯。与此同时，噶尔丹强烈要求清廷交还土谢图汗和哲布尊等人，声称只要清廷做到了，自己马上撤军。

七月底，噶尔丹大军深入离北京只有七百里的乌兰布通。由此可见，噶尔丹根本不把康熙放在眼里。清廷抚远大将军福全赶到时，噶尔丹已经占据了有利地形——依林沮水，噶尔丹创造了一个非常有意思的阵形。他让成千上万的骆驼趴在地上，背上放着箱垛子，垛子上盖着湿润的毡毯，士兵们躲在箱垛子后面射箭，这个阵型号称“驼城”。

清军隔河列阵，彻底占据了先进武器的优势；他们用炮火疯狂地轰击对面的驼城，顿时炮火齐发，响声震天，战况激烈，从下午一直打到晚上，驼城被轰得七零八落；清军骑兵和步兵同时出击，将敌人的营垒全部攻破，但清军也付出了惨重的代价，康熙的舅舅佟国纲就在这场战役中中枪身亡。

由于夜晚已来临，清军不得不收兵。

晚上，噶尔丹的使者济隆带着七十多人来讲和，竭力为噶尔丹开脱，济隆说：“这事也不能完全怪噶尔丹，喀尔喀几个部落的人也不太厚道，他们的部下无知，抢了我们的牲口。我们的汗不过是一个小头目，怎么敢在大清皇帝面前嚣张。只不过他仇视土谢图汗和哲布尊，才犯了错误，现在他已经不想索回土谢图汗和哲布尊了。”

连夜，噶尔丹还派人送来一封亲笔信，表示：“现在蒙皇帝示好，以后不敢再犯喀尔喀了。”明明是被打服了，还说是示好，噶尔丹不愧是个聪明人。

当时康熙不在场，福全相信了噶尔丹的谎言，自作主张，放了噶尔丹，还让其他部队不要阻截噶尔丹。就这样，噶尔丹顺利地逃脱。如果这时福全能够大军齐出，噶尔丹早就被擒获了，后来那些麻烦就能避免。可惜，福全心地仁厚，相信了他，为了这事，事后他还受到康熙的责备，被革去议政并罚俸一年。

在逃跑这块，噶尔丹表现出了不亚于战场上的英勇，他连夜偷渡什拉穆楞格河，翻过大碛山，一路逃到科布多。虽然脱离险境，噶尔丹的部队也遭受了重大的损失，只剩下几千伤残兵。

人已经逃走了，康熙本着穷寇莫追的原则，给噶尔丹发出了最后的警告：“以后不得再侵犯归附清朝的喀尔喀一人一畜，如果违反誓言，必定追击到底一网打尽。”

灭其主力，康熙第二次亲征

放走噶尔丹后，康熙仍然不信他，康熙觉得噶尔丹这个人狡诈成性不可相信。

康熙在张角隘口、独石口、大同和宣府一带，随时准备出征，保持着高度警惕的姿态。

乌兰布通惨败后，噶尔丹处境极为凄惨，没有牲畜，人员大量减少。为生计所迫，噶尔丹不得不低头请求清廷给一些粮食和白银，以解燃眉之急。清朝的理藩院一口回绝，康熙却法外施恩，赏赐给噶尔丹千两白银，同时派遣大臣招降噶尔丹，承诺只要归降，一定妥善安置，让他们过上幸福的生活。

噶尔丹也是一个高明的对手，他看出康熙的两手做法，也还之以礼，派出两千男女到清军驻地，表面是归顺，暗地里让这些人充当奸细，四处搜集情报。安稳一段时间后，噶尔丹又要求清廷将多尔济和哲布尊交给自己。对于噶尔丹的无理要求，康熙给予了严厉的谴责。

噶尔丹被拒绝后，心里很不服气，开始在边境挑起事端。康熙派遣使者到阿拉布坦那里通好，噶尔丹的部署半道截击他们，将使者们杀害，劫走全部行李。此外，噶尔丹还挑唆其他人背叛清朝，阻止班禅入京。

康熙三十四年（1695 年）秋，噶尔丹率领三万骑兵渡过克鲁伦河，对喀尔喀部落进行大肆抢掠。上次战败让噶尔丹记忆犹新，所以这次他没有进入漠北，只是扬言等借到俄罗斯六万鸟枪兵，将大举进攻，这分明是公然向康熙宣战。

康熙必须回应噶尔丹的挑衅，当然征讨的困难康熙也非常清楚，他说："朕亲历其间，比较了解塞外情形，自古以来，这里就是难用兵的地方。那里是不毛之地，经常无水，到了沙漠地带，运粮特别难……"

困难重重不过是为了表示康熙的钢铁决心，康熙又说，噶尔丹违背约定，横行无忌，如果不灭了他，边境将永不得安宁。康熙召集三品以上的武官商讨灭敌之策，大家都认为非常困难，都不愿劳师远征。在这种情况下，康熙仍然坚持剿贼，更令人吃惊的是，康熙居然要再次御驾亲征。他后来回忆这段经历说："我上一次征讨噶尔丹，众人都劝阻，只有费扬古支持我。后来两次征讨，就没有人赞同我了，是我执意如此。"

这一年是康熙三十五年（1696 年），四十二岁的康熙带领十万兵马，兵分三路，再次前往大漠讨伐噶尔丹。东路军由抗俄名将萨布素率领，西路军由抚远大将军费扬古统领，中路军是康熙亲率的禁卫军。

行军途中，无论多小的事情，康熙都要亲自过问，然后做出具体的指示。远征大漠，粮草还可以自己带，但是淡水却带不了那么多，寻找水源是最重要的一个环节。饮水问题主要靠掘井解决，这事由户部侍郎思格色负责，他负责掘井，掘好一口井后，他回来向康熙禀报。康熙问他："一口井能解决多少人马的饮水问题？"

思格色回答不上来，康熙很生气，骂他为官昏聩，让议政王大臣撤了他的职，贬为一般的士兵。后来，康熙派遣副都统阿迪视察水草情况，阿迪回答说："现在冰雪冻住了，不容易开掘。"

康熙很生气，说："用兵之道，贵在神速，大兵行军，断不可缺水，时当春季，地脉当融，即使冰冻也可以凿开。"

世上最怕认真二字。康熙的命令下达以后，没过多久，就掘出了好几口井，把地下的冰层凿开后，醉人的清泉就涌出来了，全军一片欢腾。为了方便大家饮水，康熙让军队围绕着井扎营，这样士兵可以从不同的方向饮水，不会造成拥挤。每口井康熙都让官兵把守，以保证用水的安全。

康熙每天都起得很早，起来后他就看到军营里炊烟缭绕，心中颇多感慨。

在这段漫长的征途中，面对着沙漠的风光和草原的广阔，康熙心中难掩诗意之情，在征途中，他写下了一首诗：

四月天山路，今朝瀚海行。

积沙流绝塞，落日度连营。

战伐因声罪，驰驱为息兵。

敢云黄屋重？辛苦事亲征。

在这首诗中，康熙表达了为了国家为了人民不辞辛苦坚持亲征的战斗精神，也流露出了一定的自豪感，所以他才敢很有底气地反问："帝王中，像我这样御驾亲征，穿越沙漠、高山、草原的有几个呢？"

康熙有一个特点，一旦做出了决定，一定会坚持到底。大军到达科图时，有传言说噶尔丹已经逃走了，远远地不知躲在什么地方。扈从大臣佟国维、索额图、伊桑阿等人反复启奏，希望康熙能够班师回北京，留下西路兵对付噶尔丹就行了。这些大臣平时在北京城里养尊处优，过着天堂般的生活，现在要来这塞外遭罪受，肯定不适应。他们请求康熙回京是可以理解的，更多的还是一种自私的心理，并不是为了康熙。

康熙很愤怒，严厉地斥责了他们。康熙说："怯懦是最大的无耻，半途而废是世上最没出息的行为。"

康熙一般很少这么愤怒的，可这时必须愤怒，佟国维、索额图这些人的想法并不是少数人的想法，很可能代表了大多数人的心理，一旦这种心理蔓延开了，一定会影响士气动摇军心。所以，康熙必须向全军表现出自己的决心，不灭了噶尔丹绝不班师回朝。

康熙对大臣们说："如果有不敢奋勇向前，怕死退后的，杀无赦。我们一定要杀了噶尔丹，或者擒住他，所以我们是不能后退的。如果我们撤退的话，噶尔丹必会集中兵力歼灭西路军，所以，希望大家勇往直前，直捣对方老巢，从今以后不要再说后退两个字。”

中路军慢慢地靠近了噶尔丹的驻地，但是西路军还没有到来。其实，这西路军行军路上出了一点状况，途中人畜相继死亡，许多有水草的地方被噶尔丹给烧毁，前路一片灰烬，西路军不得不绕道而行，因此耽误了行期，没法如期和中路军在土拉会师。

看到西路军久久没有到来，大臣们开始议论纷纷，有的说中路军应该暂缓前进，等待西路军的到来。有的说不用等西路军了，为了防止噶尔丹窜逃，应该火速出击。

康熙陷入了沉思，半晌，他想出了一条妙计：“噶尔丹以前不过是一个强盗，向来没有远见卓识，他听信别人的话，以为我军不能到这里，所以胆敢侵略喀尔喀。现在我军靠近噶尔丹，费扬古的西路军很快就会到土拉。如果我们等待费扬古到来一同出击，肯定来不及了，如果中路军贸然和噶尔丹全面交锋正面拼杀，仍然要冒大风险。现在最好的情况是，我们慢慢靠近噶尔丹，然后派遣使者请噶尔丹过来会盟，噶尔丹如果知道我亲自来了，必定会逃窜。噶尔丹一逃窜，我们立即追杀。如果噶尔丹向土拉那边逃走，必定会遭遇到费扬古的军队，这样一来，噶尔丹必定灭亡。”

众大臣惊呼妙计。康熙随即命人带着礼品前往噶尔丹的驻地巴彦乌兰。在敕书中，康熙告诉噶尔丹：“朕的大军已经向你逼近，希望你好自为之，朕不忍生灵涂炭，还想给你一次机会，你自己过来与朕会盟吧……”

噶尔丹还不相信康熙会亲自来，便跑到孟纳尔山上眺望，瞥见军营中果然挂着龙旗，还放着皇帝乘坐的銮车。在御营之外有帷幕围起来的皇城，皇城之外又有网城，旗帜飘扬，军容整齐。噶尔丹大声惊呼："简直是天兵从天而降。"

正如康熙所料，噶尔丹带着部队拔营逃跑。噶尔丹中计了，康熙之所以设这么个计，其实是没有完胜的把握。他需要噶尔丹逃窜，自乱阵脚。

得到噶尔丹逃跑的消息，康熙命令大臣马思哈率领骑兵去追。噶尔丹跑得特别快，接连奔驰五昼夜，逃到特勒尔济口。费扬古的西路军已抵达了昭莫多（今天蒙古国乌兰巴托东南图拉河上游南岸）。昭莫多在蒙古语里的意思是大森林，这里有一片广阔的大草原，草原蔓延到肯特岭下，远望这片山岭，千山万仞就像屏障一样，所以这里自古以来就是漠北的著名战场。

费扬古在距离敌营三十里的地方扎营，他先派遣统领硕岱、副都统阿南达率领四百人前去叫阵，将敌人诱到昭莫多。费扬古事先带领士兵在山头上列阵，并派一部分军队列阵于土拉河西，将军孙思克带领着绿营骑兵登上另一个小山峰。噶尔丹率领一万骑兵，想抢占山头制高点。

清军占据有利地势阻击噶尔丹，噶尔丹生生被逼到东崖下面。接着，噶尔丹大军依靠悬崖，拿出火铳，对着清军一阵射击；清军则拿出弓弩，对着敌人疯狂射箭。费扬古下令藤牌兵进攻，并在前进的过程不断移动拒马木，以防敌人骑兵碾过来。噶尔丹无法，下令全部骑兵都下马，拿着武器，冒着清军的炮火向前冲去，一副不怕死的精神。清军的骑兵也下马，和敌军短兵相接，这是一场硬对硬的死磕，狭路相逢勇者胜，战斗非常激烈，两军伤亡相当。

一直打得夕阳西下，双方仍然难解难分。费扬古在山上看噶尔丹后方人马没有动，估计是妇女和骆驼。费扬古立即指挥沿河部队分两路出击，一支部队和噶尔丹部队交战，另一支部队杀向敌人的后方。

看到伏兵四起，后方被袭击，噶尔丹军心大乱，仓皇溃逃；清军四面追击，杀得敌人丢盔弃甲。这次战役中，噶尔丹损失两千士兵、三千妇人，清军俘获的牛羊和财物更是数不胜数。噶尔丹的妻子阿努也在这次战争中阵亡，噶尔丹逃跑时身边只剩下几十个骑兵。

昭莫多之战是清军和噶尔丹之间具有决定意义的一战，这一战歼灭了噶尔丹的精锐主力，从此噶尔丹没能再恢复元气，最终导致了噶尔丹的败亡。

接到捷报后，康熙大大表扬了费扬古，并让他在科图驻防。六月，康熙返京。

强敌灰飞烟灭

经过两次惨败，噶尔丹精锐主力丧尽，财产所剩无几，大本营伊犁又被侄儿占领，已经到了山穷水尽的地步。

康熙三十五年（1696 年）九月，回京才三个月，康熙又坐不住了，他决定再一次御驾亲征。这次亲征很显然比上两次要轻松多了，康熙没有像上次那样带着大军在沙漠里穿行，而是直接来到归化城（呼和浩特市）视察。十一天后，康熙前往鄂尔多斯打猎，还到处散发这个消息，实际上是一边打猎，一边等待噶尔丹前来投降。

康熙之所以这么悠闲，是因为噶尔丹已经失去了抵抗的资本，除了投降别无活路。康熙亲自写了一封招降书，印了几百份让人分发，康熙很自信噶尔丹一定会过来投降的。康熙对部下说："即使噶尔丹不来投降，他的部众必然溃散，纷纷前来投降。"为此，康熙命令费扬古停止对噶尔丹进行征剿，旨在给噶尔丹投降的时间。

确实，噶尔丹主力部队被歼灭，大本营又被侄子占据，之前控制的一些区域纷纷脱离噶尔丹的控制。噶尔丹想回伊犁，又担心侄子吃掉自己；南投西藏，又嫌路途太远，中途很多地方都被清军控制；噶尔丹也想投靠俄罗斯，但是又怕沙俄不敢接纳自己。结果，只好像孤魂野鬼一样在草原上晃荡。

昭莫多之战失败后，噶尔丹也做过一些努力，收集残兵，还形成了五千人的军队。他带着这些人在台库勒举行一次会盟，商讨今后的决策。在会议上，噶尔丹这个失败的强人还是统一了思想，不过他并没有能解决内部矛盾，先后有不少人马叛逃，脱离他的控制，正如康熙所料。

但康熙很显然低估了噶尔丹的生存能力。在入冬前，噶尔丹已经赶到萨克萨图古里克，这里野兽很多，解决了噶尔丹生计上的困难。噶尔丹的流浪军团居然在这里度过了严寒的冬天。

康熙等了很久，始终没有等到噶尔丹，不过他等到了噶尔丹的使者寨桑格垒，这人是噶尔丹营帐中为数不多的外交高手，多次跟清廷打交道。使者表示噶尔丹愿意投降。康熙则表示噶尔丹必须亲自来投降，康熙给噶尔丹七十天的时间，如果七十天后噶尔丹没有来，即将发大军征剿。

噶尔丹是个不折不扣的顽固派，从没真心打算投降。当时，噶尔丹的部属大多主张投降清廷，大家都说这个森林里野兽虽多，但是我们来了以后，野兽都惊骇四散，以后没法维持生计了。

噶尔丹沉默无语，丹济拉等人劝他投降，噶尔丹都不同意。噶尔丹不仅不投降，还派遣使者去找康熙，让康熙归还以前投靠清朝的人。结果，这个使者不仅没有完成使命，反而举家投奔康熙。噶尔丹已经众叛亲离，虽然已经走上了穷途末路，但噶尔丹还是决定要与清廷对抗到底。

到了这地步，连最忠于噶尔丹的丹济拉也脱离他，噶尔丹两次召他，他都不理睬。他派人去召另一个亲信杜哈尔阿拉布坦，结果杜哈尔阿拉布坦反而抢走了来人的马驼。部族中的人散的散，背叛的背叛，有的人甚至配合清廷追剿噶尔丹，噶尔丹的侄儿甚至想抓住噶尔丹向清廷邀功。

面对这种处境，噶尔丹即使不死，也难成气候了。就在康熙从宁夏坐船返京的途中，收到费扬古的奏章：噶尔丹已死。

关于噶尔丹之死有不同说法，有的说是病死，有的说是自杀。费扬古和噶尔丹的手下都说是病死，但康熙对此很怀疑，认为噶尔丹是自杀。只有自杀，才能突出康熙在政治上的胜利，康熙想证明是自己击败了这个对手的生存意志，而不是什么疾病。

回京后，皇太子举行了盛大的欢迎仪式，文武百官在德胜门外跪迎凯旋的皇帝。

康熙三十七年（1698 年）九月十二日，噶尔丹的遗骸被运送到北京，悬挂在城门外示众。不久，依照吴三桂的例子，挫骨扬灰，以警后来者。

这次战役不仅维护了清廷内部的稳定，也扩展了清帝国的领土，清朝将边境线延伸到阿尔泰山一带，并将广阔的喀尔喀蒙古正式纳入版图中，清帝国的领土达到一千三百多万平方公里。

第六章　恢复西藏地方秩序

当年西藏

康熙在处理西藏问题时表现出了成熟的政治智慧，既借鉴了历代统治者的智慧，又做出了一些自己的创新。

元朝（1271—1368 年）中央政府实现了对西藏地方的有效管辖和治理。元朝设立总制院（后称宣政院），直接管理西藏地方事务，在西藏清查户口、设置驿站、征收赋税、驻扎军队、任命官员，并将元朝刑法、历法颁行西藏。明朝（1368—1644 年）中央政府在西藏实施多封众建，给西藏各地政教首领封以“法王”“王”“灌顶国师”等名号，设置乌思藏、朵甘两个“卫指挥使司”和“俄力思军民元帅府”，分别管理卫藏、昌都等地和阿里地区的军政事务。清朝（1644—

1911年）中央政府对西藏地方的管理十分完善，先后册封藏传佛教格鲁派首领五世达赖和五世班禅，正式确立达赖喇嘛与班禅额尔德尼的封号和政治、宗教地位，历世达赖、班禅均须中央政府册封遂成定制。设驻藏大臣，代表中央先后监督、共管西藏军政事务，总计派遣驻藏大臣百余人。

早在清军入关之前，清朝就和西藏保持着密切的关系。在皇太极时代，达赖、班禅等人就向大清进贡。顺治时候，五世达赖率领班禅和顾实汗使者到京城朝觐皇帝，受到顺治的隆重接待。

康熙初年，青海蒙古和清军发生冲突。三藩叛乱期间，吴三桂曾经派人寻求达赖和顾实汗的支持，青海的很多蒙古贵族，有一部分人支持吴三桂，甚至在康熙十四年进攻了清军。对于这些，康熙都看在眼里，他一再叮嘱达赖要“约束部落，勿为边患”。康熙还邀请达赖一同出兵云贵川一带，达赖虽然表面上点头，但没有任何实际行动。在吴三桂开始走下坡路的时候，达赖还为吴三桂求情：“如果吴三桂最后穷途末路，请求圣上免他一死。我希望你们俩能裂土讲和。”

达赖的请求让康熙非常生气，他怒道：“朕是天下四方的统治者，怎么可能跟别人裂土平分天下？”

平定三藩叛乱后，康熙让达赖归还吴三桂划给他的土地，以此表达对达赖的不满。

当然，西藏内部矛盾也非常复杂，要想了解当年西藏复杂的局势，还得从桑结嘉措这个人说起。五世达赖对桑结嘉措特别喜爱，桑结嘉措八岁的时候，就把他召进布达拉宫。要知道，桑结嘉措不是什么灵童，这种特殊的照顾不免有些蹊跷。

五世达赖将桑结接到布达拉宫以后，对他精心栽培，不仅想把他培养成一个学者，更希望让他成为自己的接班人。1676 年，第三任第巴辞职时，达赖指定桑结嘉措继任这个位置。第巴是西藏地方行政事务首领（行政官），地位仅次于宗教领袖。对于这样的一个职位，桑结嘉措以自己太年轻、资历不够为由拒绝了。布达拉宫的财务总管扎仓涅巴罗桑巴金担任了这个职位，不过他仅仅是起一个缓冲作用，目的是让桑结嘉措稳着陆。三年后，这个人就辞职了，桑结嘉措稳稳地坐上了这个位子。

五世达赖还专门颁布文告，详细介绍桑结嘉措的学识、品德和能力，希望僧众同意他当上第巴。

康熙二十一年（1682 年）二月二十五日，五世达赖在布达拉宫圆寂，这就意味着西藏地方出现权利真空。桑结嘉措果断地做出“秘不发丧”的决定，也有一种观点认为，这是五世达赖的意思。

桑结嘉措的保密工作做得相当彻底，每个环节都受到严密的控制，他们在布达拉宫里选择了一个跟五世达赖长得很像的人，让这个人伪装成达赖，在宝座上摆摆样子。同时，对外宣布达赖要长期静修，一切事务由第巴暂行处理。桑结嘉措不愧是一个能力非常强的人，他一方面要代理达赖处理政教事务，一方面还得保护达赖的肉身，并修建灵塔。最关键的是，还得在神不知鬼不觉的状态下寻找转世灵童。

桑结嘉措为了巩固自己的权力，秘密与噶尔丹勾结，反对和硕特部的顾实汗子孙。顾实汗是成吉思汗弟弟的十九世孙。桑结企图通过噶尔丹的力量赶走和硕特部落。康熙第一次亲征噶尔丹之时，桑结嘉措曾经派遣济隆活佛到噶尔丹军中诵经；噶尔丹战败后，济隆活佛又以讲和为由拖延时间，让噶尔丹得以逃跑。

正是在这期间，发生了真假达赖之争。

真假达赖

康熙三十五年（1696年），清军在昭莫多打败噶尔丹。在缴获的物品中，康熙发现了桑结嘉措和噶尔丹交往的文书，此外，还从投降的战俘中得知五世达赖早已圆寂。

八月，康熙派人持敕书到西藏，揭露桑结嘉措勾结噶尔丹、欺骗朝廷的罪行。使者来到后，要桑结嘉措就以下四个问题作出答复：

一、五世达赖早已去世，为何不向皇帝报告？秘不发丧到底是什么意思？

二、为何要跟噶尔丹狼狈为奸，帮助噶尔丹搞分裂活动？济隆活佛为何不但不阻止噶尔丹，反而为噶尔丹诵经助威？

噶尔丹战败后，济隆活佛为何用缓兵之计让他逃走？应立刻将济隆活佛送到北京来。

三、五世达赖圆寂后，为什么不让五世班禅主持事务呢？清廷邀请五世班禅进京时，为何恐吓班禅说："你这么做的话，噶尔丹将会击杀你。"请立刻让班禅主持西藏政务，并让班禅进京朝觐。

四、立刻将嫁给青海和硕特部的噶尔丹女儿送到北京来。

康熙在诏书中毫不客气地表示，如果没有给上述问题一个圆满的答复，将立即发兵进攻西藏。软硬兼施是康熙的看家本领，在处理各种问题上他做得游刃有余，随心所欲不逾矩。

桑结嘉措针对康熙的强硬，不敢不给出答复：

一、五世达赖圆寂已经十六年，当时情况紧急，时运艰难，为了防止西藏地区发生动乱，所以才秘不发丧。现在六世达赖已经十五岁了，我们将在康熙三十六年为他举行坐床典礼，恳请皇帝在此之前对此事保密。

二、济隆活佛确实有罪，我们已经革去他的职位，并抄没他的家产。我们一定会遵旨将他送到北京的，还望皇帝开恩，不要杀了他。

三、五世班禅没有赴京不是因为那个原因，只是你们派出的使者说出了一些恫吓的言语，所以才没去的。关于班禅何日赴京，我们一定会详加讨论的，到时给皇帝一个圆满的答复。

四、噶尔丹的女儿是在噶尔丹攻打喀尔喀之前嫁给博硕克图济农的儿子，他们结婚前噶尔丹还是一个很老实的人，所以他的女儿实在是无辜的，希望皇帝不要拆散他们，以免妻离子散，多不和好。

康熙毕竟是一个明君，虽然他对桑结嘉措很不满，但是为了各民族的团结和友好，他还是做出了让步。康熙本着“不生事为贵”的原则，宽恕桑结嘉措的罪行。桑结嘉措也履行了自己的承诺，将济隆活佛送到北京。济隆到北京后，遭软禁病死。

尽管得到康熙的原谅，但桑结嘉措已经无法控制住西藏的局面了。康熙三十七年（1698 年）正月，噶尔丹的侄子策妄阿拉布坦便上疏弹劾桑结嘉措：“第巴桑结嘉措这个人在达赖死之后秘而不宣，分明有什么不可告人的企图……他诈称达赖之言，在喀尔喀制造混乱，如此好事唯恐天下不乱的喇嘛，实在是自古未有。希望皇上能够明察，不要让法门受玷辱，请陛下荡涤法门，使之干净吧！第巴这个人做的坏事当然远不止于此，他还监禁班禅，派两个红帽喇嘛诈称是达赖的化身，第巴如此破坏法门清誉，实在是天理难容神佛共怒啊！”

康熙对此并没有做出明显的表态，他很清楚，策妄阿拉布坦是在跟桑结嘉措争权，如果处理不好，肯定会引起麻烦。

看桑结嘉措不顺眼的远远不止策妄阿拉布坦，和硕特部对第巴也非常不满。康熙四十年（1701 年），和硕特部的达赖汗去世，其子旺扎尔继位，两年后，旺扎尔的弟弟拉藏汗赶走哥哥，自己登上汗位。拉藏汗继位后，跟桑结嘉措的矛盾更加激烈，并于康熙四十四年（1705 年）发生战争，桑结嘉措兵败被杀。这样一来，和硕特部被清朝委任，重新掌管了西藏事务。

拉藏汗的这些军事行动无疑深得康熙欢心，心腹仇敌被拉藏汗清除了，康熙的心情是喜悦的，他给予了拉藏汗充分的信任。

西藏问题是非常复杂的，矛盾盘根错节，宗教领袖达赖和军事集团和硕特汗王矛盾已久，他们都想夺得西藏的统治权。顾实汗死后，青海的台吉们和西藏的和硕特部拉藏汗之间为了争权也发生了冲突，青海的这些台吉们内部又有许多分歧和矛盾。各种势力都想挟持达赖以提高自身的威望，真假达赖就是在这样的情况下发生的。

真假达赖之争的肇始者是拉藏汗。康熙四十四年七月，拉藏汗突然给康熙上了一道奏章，陈述了“假达赖”事情的整个经过，拉藏汗的意思是由桑结嘉措确立的六世达赖仓央嘉措根本不是真的转世灵童。拉藏汗请求康熙废黜这个达赖，然后寻找真正的转世灵童。

这个仓央嘉措到底是个什么人呢？他的表现又有什么异于活佛的地方呢？

仓央嘉措来到布达拉宫后，他的表现跟前世完全不一样，他也很聪明，不过他的聪明停留在对爱情和诗歌的追求上，跟人们印象里的活佛迥然有别。他写了很多有名的诗句，我们不妨摘录几首：

心中爱慕的人儿，若能够百年偕老，不亚于从大海里面采来珍奇的异宝。

凛凛草上霜，飕飕寒风起。
鲜花与蜜蜂，怎能不分离？

为爱人祈福的幡儿，竖在柳树旁边。
看守柳树的阿哥，请别用石头打它。

一个活佛居然是写情诗的高手，这是人们无法接受的。桑结嘉措生前也试图纠正他这种离经叛道的倾向，可是根本不起作用。当桑结嘉措被杀后，拉藏汗将他押往北京。令人吃惊的是，在行至西宁口的时候，这位“假达赖”居然病故。究竟是不是病故无人清楚，有人说他是被害，也有人说他到五台山云游去了。

仓央嘉措死后，拉藏汗受命寻找真正的转世灵童。拉藏汗立伊喜嘉措为新的六世达赖。伊喜嘉措当了十一年达赖，但是始终无法得到藏族人民的承认。但当地人始终认为仓央嘉措是六世达赖的真身，尽管拉藏汗苦口婆心地告诉人们仓央嘉措种种离经叛道的行为，可惜无法动摇百姓对仓央嘉措的信仰。由于西藏内部对这个达赖不信任，康熙四十八年（1709 年），康熙以青海台吉和拉藏汗不合为由，派遣侍郎赫寿入藏，协助拉藏汗管理西藏事务。这是清廷第一次派遣驻藏大臣，由于西藏的局面比较复杂，康熙派人到西藏封五世班禅为班禅额尔德尼，通过提升班禅的宗教地位来缓解西藏的宗教危机。

由于西藏上下对伊喜嘉措很不满，拉藏汗的压力很大，如果这个傀儡得不到当地人的拥戴，那他的统治权就会受到威胁。

康熙皇帝废黜仓央嘉措的行为引起了当地人民的抵触情绪，他支持的拉藏汗在西藏也深陷政治危机。在西藏内部，逐渐酝酿起一股风潮，企图寻求准噶尔部的人来赶走拉藏汗。

入藏平叛

西藏上空风云变幻，准噶尔首领策妄阿拉布坦对西藏窥伺已久，他感到夺取权力的机会到了。

早在康熙四十五年（1706 年），策妄阿拉布坦就试探性地邀请仓央嘉措到准噶尔来讲学，遭到拉藏汗的拒绝。为了消除拉藏汗的戒心，他又改变政策，与拉藏汗和亲。康熙五十三年（1714 年），策妄阿拉布坦和拉藏汗结为儿女亲家，与此同时，他又积极联络西藏的反对势力，密谋推翻拉藏汗的统治。

康熙五十五年（1716年）十一月，策妄阿拉布坦派堂弟策零敦多布以护送女婿噶尔丹丹衷（拉藏汗的儿子）夫妇回藏省亲为借口，秘密组织了一支六千人的军队向西藏进发。此外，策妄阿拉布坦还组织了三百人，对格桑嘉措所在的青海塔尔寺进行突然袭击，计划抢夺格桑嘉措，然后护送格桑嘉措进入布达拉宫。

策零敦多布不走寻常路，选择了一条极为隐蔽的路线。他从南疆和田出发，翻越巍峨的昆仑山脉，再途经阿里，抵达藏北的那曲。这条路线非常艰险，海拔很高，一路上人烟稀少，之所以选择这条路有两个原因，既能避免被清军发现，又能出其不意攻击拉藏汗。

当这支部队出现的时候，完全出乎拉藏汗的意料。在藏北纳木错湖畔，拉藏汗匆匆和敌人展开战斗，他始终觉得和谈是可能的，因此贻误了战机。再加上准噶尔军队事先已经对西藏内部进行了分裂瓦解，拉藏汗的军队很快就被打败。随即，准噶尔军队包围了布达拉宫，杀死拉藏汗，囚禁了伊喜嘉措。

准噶尔军控制西藏后，开始进行了一系列的屠杀和劫掠，非黄教的寺庙被摧毁的有五百多所。

由于西藏地方遥远，康熙很晚才得知这个消息。他立即派遣满族将领额伦特和蒙古族将领色楞去征讨。两人统帅七千人，从青海出发。色楞率领先锋部队侦查，额伦特带主力尾随。不过，这次出征因为准备不充分，而且两个将领脾气不和，在到达藏北那曲一带时遭到准噶尔军队的袭击，清军大败，额伦特战死。这次失败的主要责任还在于色楞，色楞有勇无谋，轻敌冒进，他带着先锋部队进入敌人埋伏圈后，看到敌人后退，不知是计，拼命追赶，结果让全军都深陷泥潭，再加上粮草也被敌军切断，结果全军覆没，色楞本人也阵亡。

准噶尔取得了这次胜利，非常得意，他们继续向东进军，打算和清廷争夺巴塘、理塘等地，甚至企图进犯青海、云南。

清军失败的消息传到朝廷后，大家熟悉的场面又出现了，王公大臣们纷纷说西藏偏远，地形险恶，不宜出兵；康熙却力排众议，认为如果不出兵，边境将不堪设想，所以必须出兵。当然，在出兵之前，康熙要总结上次失败的原因，在康熙看来，失败的原因就是不够重视，准备不足，派出的兵力不够多。

这次，康熙任命皇十四子固山贝子胤祯为抚远大将军，统领三路大军开赴前线，号称三十六万大军，实际数目可能也就五六万人。

为了孤立准噶尔，康熙还进行了政治工作，争取青海蒙古王公的支持。

康熙五十七年（1718 年）十月，康熙提拔四川巡抚年羹尧为四川总督，康熙的目的是让年羹尧开辟由四川进军西藏的路线，能够保证各路兵马随时开入西藏，让西藏断掉天高皇帝远的念头。年羹尧上任之后，不负所望，在成都驻兵，并设立驿站。康熙还让大臣带领满洲兵一千人、蒙古兵一千人、吐蕃兵两千人、绿营步骑兵各一千人，护送新达赖入西藏，所有这些事情都由年羹尧总理。

虽然康熙很积极地备战，务求胜利，但是大臣们还是很担心。实际情况正如康熙所料，清军所向披靡。准噶尔军队根本就没有做出有效的抵抗，其时，西藏人民早就对准噶尔部不满，准噶尔军队在西藏的残暴行径已引起了西藏人民的不满。清军进入拉萨后，西藏人民普遍表示欢迎。

清军进入拉萨这天是九月十五日，拉萨上空晴朗无云，满汉大臣、蒙古各部落的首领、西藏的喇嘛贵族纷纷欢迎清军，然后在布达拉宫为格桑嘉措举行隆重的坐床典礼。

根据《清圣祖实录》的记载："喇嘛人等感激圣主再造弘恩，罔不踊跃欢欣，男女老幼襁负来迎。见我大兵，群拥环绕，鼓奏各种乐器……"

清军护送达赖入藏，由此赢得了藏族人民的欢迎，充分体现了康熙处理民族问题的高明手段。

接下来，康熙要做的是重建西藏的行政机构。

康熙让清军统帅延信将军先成立临时的军政府，军政府的主要责任是清除准噶尔分裂势力的余孽，并打击准噶尔的支持者。对于那些违法作乱的喇嘛也丝毫不留情面，该杀的杀，该囚禁的囚禁。

到康熙六十年（1721 年），终于完成了西藏地方政府的改组工作。康熙废黜了西藏地方政府中的第巴一职，改设多名噶伦共同负责行政工作，这是康熙为了促进西藏稳定而实行的制度。刚开始的时候封了三名噶伦，这三名噶伦都是当地人，但是都非常忠于清廷。康熙既采用了当地人治藏的方法，又直接控制了西藏的地方政府，一举两得。

在蒙古王、众贝勒、台吉和酋长们的请求下，康熙允许他们在拉萨为自己建立丰碑，永垂不朽。随后，清军在拉萨留下三千人的驻藏军队，为了保持对西藏的有效控制，清政府还在西藏周边驻留军队。西藏如果出现动乱，这些军队会第一时间赶到，以此维护了西藏的稳定。

第七章　康熙的治国之道

始终把民生放在第一位，这是康熙治国的最大特点。他治国并没有什么新奇的花招，只是将国家的利益和人民的利益联系在一起，真真切切地关心人民的利益，仅此而已。

重视民生，反对拆迁，鼓励垦荒

我们知道，康熙并不是开国之君，但是他却做了很多开国皇帝必须做的事情，所以历史对他的评价很高，既是守成之君，又是开疆拓土的大帝。

康熙是清朝入关后的第二个皇帝，这个算法是依照清军入主中原来算的，在康熙前面有四个对清朝起着重大作用的领袖，分别是的他的曾祖父努尔哈赤、祖父皇太极、叔祖父多尔衮和父亲顺治。

顺治在位十八年，清朝并没有对全国实行有效的统治，民族矛盾依然十分尖锐。康熙登基以后，仍然面临着许多棘手的问题，譬如战火不绝、割据政权独霸一方、经济萧条、财政匮乏，等等。

清军入主中原后，在京畿大肆圈地，霸占了以前汉人的土地，由此引起许多强烈的反抗。清军对汉族地主和农民的反抗采取了极端的军事措施，烧杀抢掠，手段非常残忍。这段时期是多尔衮执政，随后多尔衮又推行了“逃人法”，这项法令在皇太极时基本废去，多尔衮重新启用，采取了高压政策。

清初的暴政对国计民生带来了重大的危害，顺治亲政后，进行了一些改革，废除了多尔衮的许多弊政，为后来的康乾盛世奠定了基础。

康熙始终将民生放在执政的首要地位，只有让老百姓安居乐业、休养生息，社会才可能和谐，政权才能稳固。当然，康熙并不是停留在口头上，他用实际行动解决了民生问题。

康熙实施了以下措施：

一、将荒熟土地分给臣民。康熙八年（1669年），将十七万顷的明朝藩王荒熟土地交给百姓，让他们开垦种植。所谓荒熟土地，既有荒地，也有直接可以种植的熟地。康熙十二年（1673年），他又责令各省开垦荒地，为了鼓励开荒，他下令免费给开垦者种子、口粮和工具。康熙将这些土地命名为更名田，这种田租赋相对要高一些，但由于主动权完全掌握在经营者手上，所以老百姓的积极性还是很高的。

二、保护土地产权，释放奴仆为民。康熙八年，康熙对户部官员说："这些年，一直将民间的土地圈给八旗，以致老百姓流离失所，无以为生，让朕很同情。以后圈占民房的行为应当永远禁止，今年圈占的土地，全部返回民间，并将古北口一带的空地拨给农民耕种。"康熙十八年（1679年），又将奉川、锦州的荒地给百姓开垦。康熙二十三年（1684年），康熙对大学士说："田地是老百姓的恒产，已经给他们的不能再收回，大臣们如果有超出规定数量的土地，必须申报户部，有用时再拨给百姓，老百姓的土地不要轻易去动。"对于妄行圈地的人，康熙选择从重治罪。康熙的这些措施充分体现了对民生的关注，让我们感受到一个心系天下的明君的胸怀。

康熙甚至认为即使是军国大事，都不能触犯平民百姓的土地，这种理念出现在三百年前确实让人佩服。康熙之所以这么做，是因为对于治国他有自己的看法，他认为执政者最重要的是让人民富足，让人民富足的办法是教会他们生财之道，让他们用自己的努力发财致富，藏富于民是立国的根本。

此外，康熙还制定了一项政策，禁止汉民投充到满人家里为奴，让百姓自力更生，发展农业。

三、鼓励军垦。在顺治年间，就有人提出了要军垦，不过当时只是提提，没法实施。康熙年间，这道政策才得到实施。最早，军垦是针对投诚兵制定出来的政策。投诚兵以前是跟清军打仗的兵，这些兵的待遇和福利都要差很多，而且他们都拖家带口，如果不实行垦荒的话，会带来很多麻烦。军垦不仅解决了军队的粮食问题，还为国家增加了赋税。

在赋税方面，康熙采取轻徭薄赋的政策。不过，在康熙初年，轻徭薄赋的政策无法实现，由于连年的战争，在初期这个政策无法实现，但是康熙却反对有官员借口国家战争，从苛捐杂税中谋取私利，勒索百姓。对此，康熙严令禁止，他提出："让百姓休养生息是最重要的事情，执政者一定要清楚，什么是利政，什么是弊政。对国家好对百姓好的事情要做，对国家坏对百姓不利的事情不要做。"

平定三藩后，康熙就着手实施轻徭薄赋的政策。康熙二十九年（1690 年），地主阶级和小民一律按同等标准交税，并降低赋税。康熙五十年，在赋税方面做出了一个重大的改革，赋税不再按照人口来收，人丁增加税不加，只按照田地的多少收税。

康熙所做的还远不止这些，他还严禁官吏扰民，禁止官吏私自征派各种赋税，一再告诫地方官："累民之事，即使只是丝毫也不能做。"

康熙以身作则，每次外出巡行，力求避免扰民，跟他的孙子乾隆完全不一样。乾隆一出门，劳民伤财，花费甚巨，贪腐成风。康熙二十二年（1683 年），他和孝庄太皇太后驾临五台山，在山上碰到不少百姓背着粮食米豆，康熙有些奇怪，让随从去询问。村民们都说这是为太皇太后和皇帝到来做准备。

康熙随即对阿兰泰说："太皇太后驾临五台山，一切费用都由宫廷出资，本无丝毫取自百姓，这些粮豆究竟有何用处，应该尽快查明。"

经过询问才知道，五台县的知县担心太皇太后和皇帝来了以后，食用不够，所以从老百姓那里买了一些粮豆，并不是向百姓摊派的。康熙深知地方官贪得无厌，往往借着机会搜刮小民，康熙严词说道："知县从老百姓手中买的，未必尽信。朝廷的一切出行都由内廷解决，以后这些事情地方官不要再插手，不准再让老百姓准备什么。"

康熙二十三年（1684 年），康熙第一次南巡，临行前，康熙召来户部、工部等官员，晓谕他们："朕出行的一切用度从俭，大家把一切要用的物品准备好，不要让地方官从民间派取，扰害百姓。"

始终把民生放在第一位，这是康熙治国的最大特点。他治国并没有什么新奇的招式，只是将国家的利益和人民的利益联系在一起，真真切切地关心人民的利益，仅此而已。

重商节俭，德法兼顾

康熙跟一般封建帝王不同，他没那么抑制商业，他不仅没有看不起商业，反而认为商业自古就是一个社会不可分割的部分。

康熙曾说："国家要和谐，必须做到四点：执政者全心执政为民，经商的人踏踏实实经商，务农的要勤勤恳恳务农，读书的要兢兢业业读书。这四种人如果能安居乐业，互不侵扰，国家就一定能强大。"

康熙对工商业不仅没有贬抑，而且给予了支持。当然，其中原因比较复杂，可能是因为清朝初年，战争很多，为了缓解巨大的开支，商人做出了不可缺少的贡献。战争期间，商人要缴纳的关税往往是最重的。在前期，康熙仍然对商人实行重税，没办法，经常要打仗，开支太大了。

平定三藩后，康熙适时改变了做法，他认为再这样下去，会让商民陷入困境，对国家有很大危害，所以决定革除弊政。具体做法是调低税率，并且禁止关卡勒索商人，让商人能够更好地经营和贸易。

为了给商人塑造一个良好的环境，康熙公布关税征收条例，如果出现勒索者，商人可以通过控告的方式保护自己的权益。对于私自征收杂税的官员，康熙表示严惩不贷。

康熙很早就意识到官商勾结的祸害，官商勾结会直接导致市场垄断，导致缺少背景的小商人经营困难，最终受害的是消费者，也就是广大人民。清初，管理物价的机构是牙行，牙行后来日益变成盘剥商人的官僚机构。康熙正本清源，对牙行进行了改造，让牙行变成一个相对清廉的机构，为商人谋利，而不是祸害商民。

对于向商人额外征税的行为，康熙严令禁止。康熙还统一了度量衡，方便全国各地的商人贸易。对于那些抢劫勒索商民的兵痞，康熙要求各级将领予以严厉打击。

综上所述，康熙虽然生在三百年前，但是已经意识到了商业对于社会的作用。正因为康熙做出了这么多的努力，康熙中后期，全国的经济呈蒸蒸日上之势，尤其是江南，工商业最为繁荣。

当然，康熙毕竟是一个封建帝王，他所做的一切还是从王朝的根本利益出发，商业始终不是主流。所以，在康熙晚年，出现了海禁和矿禁的政策，这些政策的目的都是王朝的稳定，对商业的发展会有一定的打击。当然，在制定这些政策时，康熙也并不是完全没有照顾商民的利益，他并没有实行像朱元璋那样严厉的海禁，还是允许沿海渔民出海打鱼。“不能断了渔民的生路啊！”康熙这样跟大臣说。

一个封建社会的帝王，能够做到这样优秀确实已经是很难得了。

那么，康熙又是如何加强社会道德建设的呢?

在这方面，康熙主要是吸收儒家思想，他认为自古成功的帝王无不是以德服人，只有上层懂礼，下层才会有仁义，良好的道德是一个社会稳定富强的基础。

为了塑造一个良好的道德社会，康熙以身作则，杜绝奢侈。康熙有一次下江南，回去的时候，江南文武百官乡绅百姓几十万人为他送行，结果康熙说道：“朕早就听说过江南富庶，来这里以后，见这里城市繁华，看上去确实很富裕。但是江南的人情却没有北方纯朴，过于奢华，过于粉饰。你们这些当官的，要廉洁奉公，爱护百姓，崇尚节俭，拒绝奢侈。只有这样，朕才能安心啊！”

可以说，康熙为了倡导节俭之风付出了很大的努力，而且也取得了很好的成效；可惜，这些风气到他孙子乾隆手中化为乌有。在为自己修造宫殿时，康熙都务求节俭，如果不是孝庄让人修缮康熙的寝宫，康熙根本就不会想要这么做。在修建皇后陵寝时，康熙也要求节俭。

康熙之所以这么看重节俭，在于他有一个观点：明朝就是因为奢侈亡国的。明朝亡国当然有非常复杂的原因，奢侈无疑也是其中一个原因。基于这种认识，康熙对宫廷的开支作出了很大的调整，务求节俭。明代光禄寺（掌管膳食的部门）每年用的木材多达两千七百万斤，木炭达一千两百万斤，到康熙时分别减为六百多万斤和一百万斤；明代宫殿的楼亭门数多达七百八十六座，到康熙时只有其十分之一。

康熙的节俭也是他“民为贵”思想的一个体现。他经常对左右说：“国家的财政出自人民，民力有限，所以要节约爱惜。能够节约，国家就有余裕；倘若奢侈，将会劳民伤财，祸害百姓。”

当时有一个法国传教士曾经给路易十四写了一封信，详细地讲述了康熙的生活习惯，从中我们能感受到一个外国人对于清朝皇帝的看法：

清朝皇帝，或者因为他拥有的无穷财富，或者因为他疆土的广阔富饶，说他是世界上最有势力的君主也许是没有人反对的。尽管这样，他真正用于自己身上的一切远远谈不上奢侈……就其个人有关的方面看，那种恬淡朴素简直是没有先例的……除了循例供奉的东西外，他毫无奢求，他满足于最普通的菜肴，从未有丝毫的过度，他的淡泊超过了人们所能想象的程度……他的衣着，除了几件宫廷里极为常见的过冬黑貂、银鼠皮袄外，还有一些在中国算是最普通、最常见，只有小百姓才穿不起的丝绸服装。逢到雨天，人们有时看到他穿一件毡制外套，这在中国被视为一种粗制的衣服……总之，在他周围的一切，人们丝毫感觉不到那种其他亚洲君主处处要摆出来的穷奢极侈的排场……他不为个人浪费钱财完全是出于一种贤明的节约，以便把金钱用于帝国真正的需要。康熙深信君主的威信和伟大不是依靠外在的豪华，而更多的是在于他道德的光辉。

从康熙的治国之道，我们能感觉到孟子“民为贵，社稷次之，君为轻”的思想，康熙在治国方面也确实效仿古人，他说：“以一人治天下，不以天下奉一人。”

在坚持教化和德治的同时，康熙对于法治也不疏忽，他一再强调法律必须严肃、稳定，不要随意变更。

康熙认为，德与法是相互促进相互依赖的，光靠德不足以治国，光靠法也不能缔造太平盛世。

正本清源——康熙的管理之术

吏治自古以来就是封建帝王最为头疼的一件事，一个朝代衰亡的前奏往往是吏治腐败，官僚欺上瞒下，百姓水深火热。皇帝纵然变成千手观音也难以处理天下杂事，所以，一个国家能不能治理好，首先得治理官吏。

贪官可以让仁政变成恶政，清官能够消解恶政的毒性，由此可见，官吏集团对于整个帝国的作用。

事实上，康熙很早就知道官僚队伍办事效率不高的问题，在古代，这叫怠政，现在一般的说法是为政不作为。康熙如何处理这个问题呢？说实话，很难，但康熙还是一步步地努力，力求提高整个官僚集团的效率，树立起官僚集团的声誉。

康熙发现文武官员中有一个陋习，他们借着过节送礼行贿。康熙对此非常愤怒，并认为这是明朝陋习，大清的官员不应该这样，但是要解决这种陋习非常难。康熙曾经对直隶巡抚格尔古德说："这些总督啊，巡抚啊，贪婪的占多数，朕心里是雪亮的。"后来，他又跟礼部尚书汤斌说："天下有才能的官僚不少，但是操守清廉的官员却很少见。"康熙说出这番话时非常无奈，纵使康熙文韬武略，南征北战，对付敌人很厉害，但是对于自己手下的这批官僚也感觉无可奈何。

康熙十八年，京城发生地震，康熙命令文武百官上书言得失。官员们总结出了六大问题，其中就有“吏治腐败，民生艰难”，地方官为了前途，谄媚上司，搜刮百姓。京城的一些大官也好不到哪里去，他们巧立各种名目中饱私囊，地方的官僚如果要向户部报销的话，是必须得送礼的。不送礼的话，户部官员就对其百般刁难。送够了礼，即使虚报，也可以通过。贪腐事件已经形成集团化的趋势。

官员们在推荐人才的时候，习惯于推荐自己的亲朋好友，互相包庇，结党营私。即使像康熙这样贤明的君主都拿不出非常有力的措施对付这些官场腐败现象。譬如，康熙发现山西巡抚穆尔赛贪酷成性，秽迹昭彰，但当康熙问大学士和九卿们穆尔赛这个人为官怎么样时，这些人居然一起包庇，说穆尔赛这个人是一个好官，为政清廉，体恤百姓。

康熙的首席大臣明珠也是一个贪官，但康熙始终没有动他。康熙曾经对明珠说：“明朝末期，君臣隔阂，导致天下有难，百姓生存难，上面不守道，下面不守法，结果亡国了。”康熙的言外之意是希望明珠能够收敛点，可是管用吗？说实话，没多大作用。

但对于吏治，康熙绝不会不闻不问，他多次表明自己整饬吏治的决心。康熙公开说：“现在什么事情都可以慢慢做好，唯独吏治安民这件事最不能迟缓。”

为了整顿官吏，康熙实行了考核制，定期对官员进行抽查。在康熙后三十年里，处理了一千五百多个官僚，这些人要么因为“才力不及”，要么因为“浮躁”被降职调用，还有一千五百多人被革职。受到表彰的清官和有能力的官员有七百多人，被惩处的官员有五百多人，被辞掉的老弱干部有两千七百多人，这些老弱已经失去了工作能力，仍然霸占在岗位上，让康熙很不满。

康熙的这些措施收到了一定的效果，但仍然还只是治标。除此之外，康熙在思想教育方面也花费了大量的心思，但是思想教育是所有方法里效果最不好的。这些官僚都是聪明人，你跟聪明人说老生常谈的道理不管用。

当然，康熙还实行了另一个有效的方法：密奏。密奏可能存在挟私报复的情况，康熙并不会一味相信密奏的内容，会进行核实工作。用密奏的方式查贪官，效果比思想教育要好得多，通过这种方式，康熙查出了大量的贪官。

贪官是查不尽的，康熙能力再强也没有三头六臂，所以在治贪的同时他积极宣扬清官，树立榜样作用。

康熙二十年（1681 年）二月，他召见了直隶巡抚于成龙，当面夸奖他："你是这年头第一清官，朕对此是心知肚明的，希望你能够始终保持这种气节，像你这样的人就是我大清的栋梁啊！"康熙经常对大臣们夸奖于成龙，希望大家以于成龙为榜样。对于成龙，康熙屡次给予荣誉和经济上的嘉奖。于成龙死后，康熙因为他操守始终如一，追赠太子太保衔，谥清端，并亲自送给于成龙家人"高行清粹"的匾额。

事实证明，榜样的力量是无穷的。康熙推出一个于成龙是希望出现千百万个于成龙。虽然一时间不可能出现这么多清官，但也陆续出现了一些，清官逐渐形成了一股力量。大清的官僚体系里出现了一股清流，像傅腊塔、格尔古德、范承勋、王骘、彭鹏等这些人都是清官。

康熙不仅提拔清官，而且对清官进行了必要的保护。康熙很清楚，清官廉吏在官场上很容易受到排斥，对于那些攻击清官的言论和行为他从不轻易相信，而是切实考察。江宁知府陈鹏年是一个清官，康熙南巡来到江宁时，陈鹏年极力阻止总督增派钱粮，结果总督为了整他，让他接待康熙。康熙的近侍照例找到陈鹏年，向他索贿，陈鹏年不理。近侍便故意陷害陈鹏年，在康熙卧榻上放一个蚯蚓篓。

这事发生后，康熙当然不高兴了，心想，你这个陈鹏年是怎么接待我的，居然在床上放了个蚯蚓篓。但康熙在江宁织造府的时候，曾经问了一个小孩子："你们这里有好官吗？"小孩当即说出了陈鹏年的名字。康熙再派人调查，发现陈鹏年确实是一个清官，他觉得这事不对劲，陈鹏年应该不会做出这种事情，于是派人去调查，发现是别人想陷害陈鹏年。还有一次，陈鹏年被人陷害入狱，百姓们纷纷为他请命。这些事情被康熙发现后，力保陈鹏年，并接连将他升为西安知县、山阳知县、海州知州、江宁知府、苏州知府、河道总督，等等。

康熙经常鼓励官员们要做清官，他说："做好官，不仅自己光荣，还能光宗耀祖，反之则身败名裂，留下骂名，做贪官有什么好的？"

巡视的时候，他对山东官员说："做官啊，清廉放在第一位，当清官是一件快乐的事情，不但百姓景仰，就是卸任之后，百姓追思，建立祠庙，岂不是美事。百姓的口碑是非常重要的，希望各位好自为之。"

奖掖清官的同时，康熙对贪官的打击也毫不手软。康熙二十三年（1684 年），处决了贪官王永祚；康熙二十五年（1686 年），揪出了蔡毓荣贪污集团，鉴于蔡毓荣平定吴三桂有功，免死刑，发配黑龙江。

康熙二十四年（1685 年），展开了对穆尔赛贪污案的清查，再次挖出了一个庞大的贪污集团。

总之，在康熙执政期间，始终将吏治作为头等大事。虽然康熙所做的一切是为了统治阶级的利益，譬如他就始终没有拿下大贪官明珠，但他在吏治方面做出的功绩还是应当肯定的。

第八章　家事更比国事烦

这个等待太漫长，容易让人疯狂。有一次，围猎的时候，他听说康熙身体欠安，心情很兴奋，几次派人去察看康熙的日常起居。还有一次，他本人偷偷地来到康熙帐前，扒开帷幄的缝隙，偷看里面的情况。不巧，被其他皇子撞见了，将这事告诉了康熙。

皇帝好做，父亲难做

作为一个皇帝，康熙能够打八十分以上。但他同时也是一个好父亲，至少比他老爹顺治强得多；康熙是一个非常有父爱的皇帝，但别人眼里的好父亲未必是儿子眼中的好父亲。

作为一个父亲，康熙有太多的痛处，以至于最后雍正继位都不明不白，到处流传雍正夺嫡篡位。我们来看看康熙与众不同的一面吧！

一切还得从康熙四年（1665 年）九月初八的那天说起。这一天康熙结婚了，年仅十二岁。新娘是索尼的孙女赫舍里氏；这次婚姻是一次政治婚姻，当然也不排除小康熙爱上了那个比他大三个月的小姑娘，不过这种可能性不大。

康熙刚继位时政局不稳，让他早点结婚是为了生儿育女，给大清国一颗定心丸。同时，方便康熙早点成熟，早点亲政。康熙跟他爸顺治一样，虽然早婚，但其实也不早。他发育得比较早，很早就对女性表现出了“雄心勃勃”的兴趣。孝庄看到康熙那么早就对女人感兴趣，不希望他闹出什么笑话，所以早点让他结婚。孝庄是一个非常注重礼仪的人，康熙一生深受他影响。

结婚两年后，康熙生下第一个孩子，而且是个男孩，不过这个孩子没保住。康熙此后再接再厉，生了十来个小孩，接连夭折了七个。

幸运的是，康熙和赫舍里氏非常恩爱，康熙后来回忆她说：“皇后节俭居家，宽仁待下，仪型允备，淑德著闻。”这场包办婚姻开出了爱情的花朵，这是当时很多人都觉得幸福的一件事，至少，顺治的悲剧不会再重演了。

康熙八年（1669 年），灭掉鳌拜之后，赫舍里氏又怀孕了，为康熙生下了一个儿子。对这个孩子，康熙非常珍爱，给他取名为“承祜”，希望承上天的保佑，这孩子能茁壮成长。

承祜是一个非常聪明的孩子，很得夫妇俩的欢心，只可惜两岁半的时候，这孩子也夭折了。这对夫妻俩是一个沉重的打击，皇后因此陷入了悲伤之中，就像当年皇太极的爱妃海兰珠丧子一样。

康熙的悲痛也可以想象，孩子的去世让他心情灰暗，遇事消极，大臣们纷纷劝他节哀顺变。皇后受的打击更大，儿子去世后，她不久就陷入了一场大病中。

就在康熙陪同祖母孝庄温泉疗养的时候，忽然接到皇后病重的消息。康熙是一个非常注重孝道的人，他不敢把这事告诉祖母，但精明的孝庄从康熙脸上看出了什么，问他原因。康熙如实相告，孝庄让他赶快回去照顾皇后。康熙于是连夜赶到皇后身边，在康熙的精心照顾下，皇后的病情好转，恢复了健康。

三藩叛乱之时，康熙帝焦头烂额，就在这内忧外患之中，皇宫中再次传来喜讯，皇后再次临盆了。但这次似乎有点……有点难产，或许是受了吴三桂叛乱的惊吓吧！总之，这次状态不是很好。

皇后没有让康熙失望，经过艰难挣扎，终于生出一个男孩。可惜，当太监把这个消息告诉康熙时，康熙却凝固了，没错，孩子保住了，大人没保住。

欢乐和痛苦同时来到，吴三桂等人还在那边折腾，康熙陷入了沉默中。皇后去世时不到二十一岁，如花的年华，康熙为她洒尽泪水。

当时战火纷飞，全国大乱，康熙在百忙之中仍然为皇后辍朝五日，举行了隆重的葬礼。皇后的灵柩停了二十一天，康熙几乎每天都到皇后的灵前祭酒，然后一个人坐在那里默默流泪。皇后去世三年后，康熙没有册立皇后，后来还是在孝庄的要求下，册立了新皇后。

康熙对皇后的感情非常深，曾经写诗怀念：“月掩椒宫叹别离，伤怀始觉夜虫悲。”

也许正因为这份深情，皇后留下的儿子才享受到了清朝三百年来没有一个皇子享受的待遇，他生下来不到两年就被立为太子。这个太子就是胤礽。

胤礽并不是康熙最大的儿子，但却是嫡长子，他的地位在康熙所有的子女中是最尊贵的。康熙之所以给他这么好的待遇，从某种意义上是对亡妻的怀念。胤礽两岁的时候，康熙推翻祖制，立他为太子。

康熙对这个孩子寄予厚望，希望他有一天能成才，继承大统。所以，亲自担任他的教育重任。尽管康熙日理万机，还是抽出时间亲自教太子四书五经，每天临朝前，都要督促太子背诵昨天学习的内容。如此耳提面命，寄予了深厚的父爱。

太子六岁时，康熙为他请了著名的大学士授课。太子的表现也非常不错，继承了父母基因，各门课程都非常优异，文武皆备。而且太子长得仪表堂堂，有君王之相，康熙非常喜悦，特地为他建造了一座园林，以便随时能够见到太子。

康熙经常亲自检查太子的功课，一次，他问太子的老师汤斌：“太子的书读得怎么样？”

汤斌回答："太子聪明睿智，学问精深，实在是江山社稷的福分。"

老师们虽然有拍马屁的嫌疑，但由此也能看出太子确实不是庸碌之辈。到了夏天时，太子坐在那儿学习，既不让人挥扇，也不脱衣服，端坐着看书，而且没有厌烦的样子。由于刻苦用功，太子的满汉文水平都相当高，以至于大臣们都说："我们虽然也学过满文，但不能精通，看到皇太子的满文书法，臣等真是望尘莫及。"

汤斌甚至对皇太子说："皇上对太子要求过于严格了，这么炎热的天气，功课又这么重，恐怕太子吃不消啊！"

康熙说："太子每天苦读，寒暑未断，从来没有抱怨过，如果是我强迫他，他也不会这么聚精会神啊！你们都看到了，我什么时候逼过他？"

康熙兴致来了，还让汤斌教其他皇子一起读书，不过，这场声势浩大的读书活动最后却是以闹剧收尾的。从后来的情况来看，康熙对太子的教育也是失败的。

康熙自夸地对大臣说："朕宫中从来没有不读书的子女，现在诸皇子虽然不是由大学问家教他们，但都能读书。朕也非好名的人，所以向来对皇子的读书，没有刻意去逼。现在特意召开皇子读书活动，到时你们可以看看皇子们的表现。"

汤斌拿出经书，教皇子们阅读，皇子们读得朗朗上口，让他们解释意义时也能说出个子丑寅卯。康熙在一旁很是得意，大臣们马上拍马屁："现在我们目睹了皇子们的读书讲义，体会到皇上教子的良苦用心，连我们都受到激励和鼓舞。”

康熙一听，兴致来了，说：“朕幼年读书的时候，每次都会读上一百二十遍，书读百遍其义自见。现在朕让皇子们也按照这个标准来读，大家都说太多了，每篇只要读十几遍就行。朕不赞同，你们看看太子的书法，写得很地道吧？如果不是朕让他下苦功夫，能达到这个层次吗？”

康熙又让几个老师秀一下书法，然后让大家评论，大家都说很稀松平常。

康熙更得意了，亲自在绫缎上写了一首程颢的七言诗，果然苍劲有力，大臣纷纷拍手赞扬。

这场读书活动更像是一场表演，其中有康熙的虚荣心在作怪，所以到最后戛然而止。

那些陪伴太子读书的老师们在整个过程中受尽了折磨，一方面要承受康熙和太监们的冷嘲热讽，另一方面还要想方设法阿谀奉承，而且马屁还得拍出新意。这些老师大多是年长之人，每天陪着年轻人读十几个小时，累也累昏了。读书秀的第三天，老师耿介中途晕倒，不得不出宫调养。三天后，汤斌也称病请假。

康熙认为这些人消极怠工，非常生气。明珠等人趁机进谗言，说太子在写书法时，汤斌擅自用红笔圈点，简直是没大没小。还有人说，太子读书时，汤斌拿着书打瞌睡。

这些事可能是真的，但是作为一个六十五岁高龄的老师，整日这么辛苦也是可以理解的。结果，康熙对这些老师们作出了不公正的处分。耿介被革职，汤斌也被革职，太子的满文老师哈塔受到降级处分。

这是非常有意思的一个结局，太子的老师纷纷下岗，这个结果无疑是说明太子天资聪颖禀赋很高，老师们都不称职，通过打压老师来提高太子。这是康熙对太子的溺爱，最终的后果还是由太子来承担。

太子党风云

康熙对儿子们，尤其是对太子的爱是有目共睹的，但是爱一旦过头就会变成溺爱，反而会对孩子的身心不好。

康熙十七年（1678 年），太子五岁，康熙正忙于平定三藩。在这期间，太子出痘了，康熙非常着急，抛开军务，陪了太子十二天，直到太子没有大碍。之后，康熙还在太庙里祭奠，感谢上天和祖宗保佑太子平安无事，并重赏治疗太子的人。

康熙四十一年（1702 年），他带着太子、四阿哥胤禛、十三阿哥胤祥南巡，到达山东德州时，太子突然生病。康熙立即改变南巡计划，在德州停留十几天，专门照顾太子，还让太子的叔外公索额图过来陪太子。

当然，对于其他皇子，康熙也表现出了父爱滔滔的一面。

康熙的溺爱导致了太子的骄纵，在恭顺一面之外，太子还有暴戾的一面。谁只要违拗了他，他就会显得暴躁无比。

康熙虽然节俭，但太子非常奢侈，在跟随康熙南巡的过程中，太子向地方官员狮子大开口，康熙就算惩治贪官，也没法惩治太子啊！地方官谁敢得罪这个未来的皇帝啊？还不得乖乖拿出银子。在江宁的时候，就因为清官陈鹏年不配合，太子就差点要把这个人处死，幸亏康熙还算明智。

太子的骄纵是一天天养成的，在宫里宫外他的口碑并不好，熟悉的人说太子刚愎自用好杀人，喜欢虐待下人。连皇室宗亲和朝中大臣，太子都不放在眼里；太子曾经亲手打过平郡王纳尔苏和海善，对朝鲜的使者也非常傲慢，以至于朝鲜的使者回去说："如果太子当政，清朝必亡。"

康熙在亲征噶尔丹的时候中途生病，特别想念太子，让他过来探望。当时太子只有十六岁，还没有脱掉贪玩之心，来了之后，看到生病的父亲，丝毫没有忧虑之色，反而喜形于色。康熙很吃惊很生气，觉得太子不孝，就把他打发了回去。

回京后，康熙找借口杀了几个太子身边的人，想以此给太子敲敲警钟，不要听小人的话。

可惜，康熙的敲打并没有起到作用。太子依旧我行我素，性情乖戾，康熙很寒心，以至于他愤愤说道："隋文帝就是因为不能预知到儿子隋炀帝的罪恶，才不得善终；我只要还活着，就不会容忍太子做出不忠不孝的事情。"

从这时起，康熙心里就产生了废太子的想法。可惜，康熙实在没法对太子下手，每每想起过世的皇后，他又一而再再而三地陷入对太子的溺爱中，尽管他给了太子许多机会，但太子从来就没有珍惜过。

康熙对太子不满，太子对康熙更不满：你这皇帝要做到什么时候啊？

太子曾经公开对别人说："纵观古今，有坐过四十年的太子吗？"

太子等得花儿都谢了，开始失去耐心了。确实如此，再等下去，当上皇帝也是个老头了。但是太子这种话毕竟是大不敬，对康熙的心理冲击可想而知。

还有一件事情让康熙对太子很失望。

康熙四十七年（1708年）五月，北京的天气非常炎热，康熙带着儿子们离开北京，前往热河行宫避暑，热河行宫也就是现在的承德避暑山庄。康熙这次去承德带了八个阿哥，其中有皇太子胤礽和十八阿哥胤祄。这个十八阿哥还不到八岁，就跟着康熙来这里避暑打猎。

他们先在热河住了一段时间，接着便继续往北，带着大批人马围猎。就在大家玩得正高兴的时候，十八阿哥突然病倒。开始还只是发烧，康熙以为不是什么大事，把十八阿哥留在驻地，带着部队继续前行。走着走着，照看十八阿哥的人忽然快马加鞭赶过来报告康熙，说十八阿哥病情加重，非常危险。

康熙一听，立刻回到十八阿哥的身边。赶回驻地后，发现十八阿哥的情况果然不太好，两腮红肿，高烧不退。可惜驻地缺乏医药，康熙心急，派人去宫中接御医来诊治。

十八阿哥病重的时候，康熙经常把他抱在怀里，喃喃自语。幸亏御医赶到，小阿哥的病情终于得到好转。康熙很高兴，给坐镇北京的胤祉和胤禛发了一份手谕："十八阿哥现在已经好转，想是没有大碍了，你们可以放心了。朕一个年迈的人，也仿佛获得新生一样。"

康熙对十八阿哥如此重视，可见他老年得子，舐犊情深。为了十八阿哥，康熙放弃狩猎，带着队伍回京城。但是在半路上，十八阿哥又发病了，而且这次病情更重，跟上次的症状还有一些不一样。即便是御医，也毫无办法，最终，还没到京城，十八阿哥就染病身亡。

失去胤衸那一年，康熙五十五岁。人生有三大不幸，幼年丧父，中年丧妻，老年丧子，康熙虽然是一个雄才大略的皇帝，也经不起老年丧子这样的悲痛。十八阿哥之死让他痛不欲生，然而，让康熙更加气愤和不解的是：随行的其他皇子对十八阿哥之死根本无动于衷，尤其是太子，对小弟弟的病情丝毫不关心，小弟弟死后，在他脸上根本看不到任何悲伤的神色。

康熙很难理解，这些儿子个个能文能武，自己对他们个个都不错，给了他们应有的父爱，但为什么他们居然毫无手足之情呢？自己并不是一个冷漠的父亲，他们没理由冷漠无情啊！再说了，太子当时已经有子女了，难道他体会不到我的痛苦？

由于太子的特殊地位，时间一长，在他身边聚集了越来越多的人，这是古今的通例，太子是未来的储君，当然会有很多人向他靠拢，以便取得政治利益。康熙也确实是把太子作为储君来培养的，在出征或者出巡的时候，康熙一般会让太子代理朝政。太子接触权力多了，自然会上瘾，当太子还是不如当皇帝好啊，问问历史上所有的太子，估计都是这种感受。

索额图是太子的叔外公，他是索尼的儿子，不仅跟太子的关系密切，跟康熙的关系也非常好。康熙在擒拿鳌拜之前，屡次召索额图进宫商议对策，最终铲掉了鳌拜及其党羽，实现了亲政的愿望。索额图因此飙升到国史院大学士，一年后加封保和殿大学士，权倾一时，地位相当于宰相。

康熙朝中最有权力的两个人物，第一是索额图，第二是明珠。明珠是康熙惠妃那拉氏的堂叔，地位当然不如索额图尊贵，但也是皇亲国戚，再加上有能力，在康熙朝相当红。据说，当时京城流传一句话："要做官，问索三；要讲情，问老明。"

索额图和明珠的关系非常不好，两人不仅政见不同，而且互相争宠，积怨很深，在朝廷上斗来斗去。这一切康熙都看在眼里，但最高领导者就喜欢保持这样的平衡，防止某个人独大，造成鳌拜那样的权臣局面。索额图和明珠虽然关系不好，但两人还是有相似的地方，都喜欢擅权。索额图在擅权这块过于嚣张，而明珠则相对阴险。京城里还有一则顺口溜："天要平，杀老索；天要安，杀老明。"可见，百姓对这两人是恨之入骨的。

刚好索额图、明珠属于两个敌对的派系，索额图是太子党的领袖，明珠是皇长子胤禔的外叔公。而且，胤禔比太子大两岁，是太子的兄长，只不过是庶出，地位低于太子。胤禔本人心里也不服，只是不好表现出来而已。再加上胤禔这个人常年征战，在众兄弟中威望最高，见识和阅历都比其他人要高。

明珠纠集了一帮人围绕在皇长子周围，形成了"皇长子党"的雏形，与太子党形成对峙之势。对索额图和明珠之间的明争暗斗，康熙本来是不想干涉的，但是现在他们把太子和皇长子也卷了进来。康熙不能坐视不管了，经过认真的考虑，康熙选择保护太子，遂严厉打击皇长子党，将明珠罢免。

明珠失势后，太子一党势力更加庞大，俨然形成了一个小朝廷。大臣们为了将来的前途，蜂拥聚拢在太子身边，这是一本万利的投资，而且保险系数很高。康熙皇帝已经是老人了，终有归西的一天，将来的朝政还是这个未来的储君说了算，现在正是最好的投资时刻。

作为太子党的首领，索额图更是上蹿下跳，四方奔走，竭力提高太子的地位和威望。为太子制定礼仪的时候，索额图授意太子的服饰一律用黄色。每年的三大节日，太子接受百官朝贺，一律行两跪六叩之礼，与皇帝的三跪九叩之礼只差一个档次。索额图的这些措施无疑把太子抬到跟皇帝差不多的位置，引起了康熙的不满。康熙责备说："太子所用的仪仗和礼仪，有些过分，几乎与朕相同。"

这件事激化了康熙和索额图的矛盾，很早的时候——亲征噶尔丹之时康熙就对索额图不满。康熙的中路军逼近噶尔丹的军队，但是费扬古的西路军还没赶到。噶尔丹散布谣言说俄国的六万鸟枪兵会过来一起打清军。索额图是胆小怕死之辈，一再要求康熙后退。

每逢战争，索额图总是慌里慌张，贪生怕死。后来，征讨噶尔丹胜利后，康熙回京，把索额图大骂了一顿。自此，索额图觉得颜面尽失，没脸继续坐在位子上，便提出了退休。尽管如此，这不代表索额图真心认错，他心里其实对康熙怨言颇多，尤其是他没想到康熙并不挽留自己。所以，勾结一众人，紧紧抱住太子这棵大树。

在德州时，太子病重，康熙叫索额图过来陪他。但索额图不懂规矩，骑马直接到太子门下，视皇帝如无物。索额图与太子一起，做了许多让康熙不高兴的事情。

康熙终于发作了，以"结党营私，议论国事"的罪名将索额图抓捕起来，康熙指责索额图："你做大学士的时候就贪污行贿，我把你革职了。后来又起用你，没想到你不思恩，就是养一条狗，也懂得主人的恩。像你这样的人真是不知好歹，我本来想派人去抄你的家，搜罗证据，但担心牵连的人太多，闹得举国不安，所以才没这样做。我若是不先制住你，你反倒会先发制人，对你这么做是我深思熟虑的结果，可以就地正法。”

从康熙的话中，我们能发现康熙这么做显然是怀疑索额图跟太子密谋篡位，而且康熙也深知太子党人多势众，盘根错节。康熙不想把这事办得举朝震动，只是将索额图和他的家人全部软禁起来，并拘留索额图的同党额库礼等人，将索额图及其同党在朝做官的子孙全部革职。

据说索额图被囚禁之后，大臣们依旧怕他，很少有人敢检举揭发他。这种心理也可以理解，索额图虽然被囚禁，毕竟位高权重，只要没处死，说不定哪天就会得势。若太子一旦登基，索额图肯定会成为一人之下万人之上的角色。看到大臣们无人敢检举索额图，康熙更加气愤，他感觉自己被架空了，所以下了狠心，处死索额图及其两个儿子。

对处死索额图，康熙丝毫也不后悔，多年后他还愤愤不已地说：“索额图实为本朝第一罪人。”这是帝王的思维方式，他认为索额图已成为威胁到他权威的人。这时的康熙早已忘记索额图是帮助他铲除鳌拜的第一功臣，当年康熙经常说“索额图是本朝第一功臣”，前后对比，我们能看出权力的冷酷无情。

索额图之死，对于太子和太子党都是一个沉重的打击，虽然康熙还没有对太子怎么样，但危险已经来临。太子的地位开始岌岌可危。

太子“疯了”

索额图死了，稍有警惕性的人都会感到自危，但是太子却浑然不觉。某种程度上说，也是康熙把他害的，多年的骄纵让太子觉得自己是天经地义的太子，没人能取代自己的位置，没人能对自己构成威胁。

胤礽仍然脾气不改，经常殴打臣民，惹起了一片反对之声。看到太子如此不争气，康熙恨铁不成钢。接下来发生的事情就像导火索一样，让事情往坏的方向发展。

在太子位置上坐了三十多年，这个等待太漫长，容易让人疯狂。有一次，围猎的时候，他听说康熙身体欠安，心情很兴奋，几次派人去察看康熙的日常起居。还有一次，他本人偷偷地来到康熙帐前，扒开帷幄的缝隙，偷看里面的情况。不巧，被其他皇子撞见了，将这事告诉了康熙。

康熙非常愤怒，将皇子和大臣们全都召来，当面痛斥这些没有心肝的儿子们，康熙骂得最狠的还是太子。他骂道：“没人比你更过分，你平常就不听我教诲，目无法纪，我包容了你几十年，你什么时候悔改过？平常你就挥霍无度，花费比我还要多，我不跟你计较了。跟我南巡的时候，你居然向当地官员索要贿赂，这不是跟我的规矩公开唱对台戏吗？你十八弟病危的时候，你居然无动于衷，像你这种不孝不仁的人怎么当太子啊？你昨天深夜在我帐外窥伺，到底是什么意思？是想看我死了吗？你还派了一大堆人在监视我，是吧？”

说到这里，康熙流出了眼泪：“你不知道你这么做让我寒心吗？我这个皇帝真可怜，还得每时每刻防备着自己的儿子，每天都要担心会不会被儿子毒死，你说我哪点对不起你啊？”

康熙泣不成声，一时激动，晕倒过去。这一次，康熙真的受伤了。他当众宣布废除太子。

回京后，康熙祭奠太庙，昭告天下，正式宣布废除太子。此外，康熙将太子交给皇长子胤禔看管，并诛杀了太子的六名党羽。

康熙是本着处理政变的态度处理这个事情的，他私下里认为太子想谋害自己，为索额图报仇。实际情况并非如此，太子虽然有结党的嫌疑，但还不至于谋反。索额图之前肯定跟太了商议过继位以后的问题，但还不至于说要发动政变，囚禁康熙。这不仅是因为他们没有这个实力，还因为康熙的威望非常高，无人能取代。如果通过政变的方式让太子继位，肯定会发生动乱，无法维持局面。

废掉太子后，康熙的精神也受了很大的打击，六天六夜无法入睡，心情无比灰暗，甚至感觉到死亡的阴影。在这事情上，康熙有一种巨大的受挫感，自己这么对太子，对太子倾注了无限的心血，没想到居然把他培养成一个不仁不孝的人。康熙号称“仁孝治国”，这个结果对他简直是一种讽刺。

在教育方面，康熙是失败的。雍正吸取了这个教训，让皇子读书的时候，一定要先拜老师，尊师重道，才能培养出合格的王子，否则只是纨绔之徒、品性恶劣之辈。

康熙四十七年（1708年）九月，宫里传来一个消息：废太子疯了。

根据太监的报告，胤礽忽然站立，忽然坐下，言行失常，形同鬼魅，睡觉也不在一个地方，经常迁来迁去，吃饭吃七八碗都不知道饱，喝酒喝二三十杯都不知道醉。一句话，胤礽中邪了，鬼附身了。

胤礽的这种表现很可能是精神失常，身为太子本来压力就大，那么多兄弟盯着，被废之后压力就更大了。

康熙听了这个消息大惊，终于给胤礽之前的行为找到了一个合理的借口：胤礽并不是个坏孩子，只是因为中邪了。

在野史笔记《十叶野闻》中也记载了废太子发疯之事，不过野史给出的解释不同，认为废太子之所以发疯是被四爷胤禛下迷药，我们不妨来看看：

胤禛少年时经常只身行走江湖，结交奇人异士，以备日后不时之需。有一次，胤禛漫游到河南嵩山，便进少林寺拜少林武僧为师，并在那里习武半年。后来，师傅见他并非习武之人，便教了他一些皮毛后赠他一铁杖让他下山。

回到京中，胤禛遇到太子宾客在街上仗势欺人，把人家打得满头是血，当时却又无人敢管。胤禛心中不平，便走过去问苦主为何如此，旁边的恶少大喝道："你是什么人？敢来管这闲事？你难道有三头六臂，不想活了不成？”胤禛大怒，盯着此人看了半晌，突然抽出铁杖猛击其头，把那恶少打得脑袋开花，其他人见胤禛把恶少打死，吓得一哄而散。

太子党人得知胤禛回来后，便深夜派遣刺客去雍亲王府行刺。当夜，胤禛正在一喇嘛的陪同下诵经，突然见窗外白光闪闪，上下无定，觉得非常奇怪，便命喇嘛去看看怎么回事。喇嘛说：“殿下不用担心，我已派某力士去办了。”第二天早上起来，胤禛见院中的树枝都有如刀削，蓄养的恶犬有身无头，还有数十名武士横尸园中。胤禛正惊诧间，喇嘛过来禀告说：“这些都是昨晚来行刺的剑客，他们计穷力竭，被力士所杀。今晚他们可能还要来报复，请殿下当心。”

胤禛听后，赶紧命手下侍卫加紧防范。当晚，果然风声鹤唳，屋宇震摇，只听得屋顶上金铁鸣动，两边人马在屋顶上决斗，哐哐当当，甚为激烈。次日，太子宫的人惶惶出去抢购数十棺木，雍亲王府也是如此。这时，太子宫和雍亲王府都在广招喇嘛前去诵经做道场，朝中大喇嘛被雍亲王府先招了去，不料他前脚刚进，后脚就有人命他立刻赶去太子宫。大喇嘛碍于雍亲王府的情面，只好说不能复命。太子听后大怒，扬言要将大喇嘛捕杀。大喇嘛心里害怕，便托国师求情才逃过一劫。

这时，有个奇士从四川来，到雍亲王府求见胤禛。两人一见，胤禛发现是原来结交过的好朋友，十分高兴，便留他下来，谈论技击武艺。两人谈得正开心，奇士突然作色道：“殿下有难，为什么不告诉我啊？”胤禛问：“你怎么知道？”奇士道：“听说太子宫新得一个奇人，能以铁冠在百里外取人首级，今晚就要来祸害殿下了。幸好天不绝殿下，让我得知此事，今天是特来报信的。”胤禛问：“那你有什么办法对付？”那奇士冷笑一声：“他是以喇嘛咒语为护符施展其法术的。今晚我们以贝叶蒙首，那铁冠必然来而复去。我们可以先在庭外张一架浆，就像蜘蛛张网一样，铁冠到时必然跌落其中。”

当晚胤禛听从其言，果然获得铁冠。太子听说铁冠丢失，十分恼怒，而后竟然积恨成疾。胤禛得知后，派大喇嘛前去太子宫，说：“我有阿肌稣丸，可以治殿下的病。”太子道：“你不是帮着胤禛的人吗？我哪里敢吃你的药？”大喇嘛说：“哪里哪里，胤禛暴虐，众叛亲离已经很久了。他现在已经遨游四方，不敢回来，殿下要是不信，可问某喇嘛。”某喇嘛本是太子的亲信，但其实也是大喇嘛的徒党。太子不知其计，便问某喇嘛，喇嘛说：“大喇嘛是西天活佛之师，其丸能治百病。服之必然有效。”太子相信了他，便令大喇嘛进药丸服用。

殊不知，阿肌稣丸本是媚药，或者兴奋药，并不能随便使用，一旦滥用的话，必然致使神经中枢受到过度的刺激，最后形态癫狂，无法自制。服用几天后，太子果然便发狂了，他在屋里大喊大叫，见人就打，见东西就砸，最后连大小便都失禁了。太子妃大骇，赶紧上报康熙帝。康熙帝派人去看视，得到回复说太子已不复成礼，安静的时候就像得了一场大病一样奄奄一息，躁动的时候就像野兽一样狂呼乱叫。康熙不得已，只好下诏废其储位。

这段野史很有意思，他把太子被废一事说成是雍正策划，让太子发狂，然后被废的。实际上，太子发狂是在被废之后，并不是在此之前。

就康熙的理想来说，最好的情况就是太子仁德贤良，众皇子围绕着太子，悉心辅政，一心为公，太子呢，也全心治国。现实和理想总是有差距的，康熙捧太子，结果太子势力过大，威胁到了自己的权力，康熙不乐意。康熙让皇子们从政历练，结果威胁到太子的地位，太子心里不爽。最后的结果是，大家都不愉快。

康熙对儿子的培养有一个标准，首要的希望是培养成君王，能够治理天下的那种人；其次是贤王，能够辅佐君王安天下打造朗朗乾坤的那种；再其次是大将军，能够带兵打仗做大元帅的那种；更次之的是搞学术，做大学问家，像淮南王刘安那种，能够推出《淮南子》这样的名作，当然不要学习刘安造反。最次的是培养成一个书画家，好歹也是雅士，也是艺术家。如果连这些都做不到的话，那就是一个酒囊饭袋了，康熙是不希望培养只有平庸才能的儿子的。

争储夺位

太子一废，皇子们个个都活跃了起来，他们从地平线上看到希望了，大家都意识到，现在全都在同一个起跑线上，就看谁的本事大。

这是康熙万万没有想到的，康熙是个重感情的人，至今还沉沦在悲痛中。他万没有料到这些儿子们丝毫不体谅自己的心情，也不照顾一下胤礽是他们的兄弟，居然迫不及待地暴露出对储位的渴望。康熙的心更凉了，他想到了齐桓公，想到了隋炀帝，这些人不得善终，全是因为没有好儿子啊！

康熙先是劝儿子们："十八阿哥刚死，胤礽又发生了这种事情，我现在身心交瘁，只想能够好好安度晚年，你们不要再争夺了。储君之事我自有决断，你们做好自己的事情就行了，到时候按照我的圣旨办。"

康熙想要儿子们和睦，这是不可能的。

第一个蠢蠢欲动的人是皇长子胤禔，这是可以理解的，他年纪最大，当年就在明珠的指导下跟太子争过。

胤禔这个人，确实是有才能的，按照康熙的教育标准，他应该算得上是一个能带兵的大将军吧，当然，也不是特别优秀的大将军，跟韩信那样的肯定没法比。考虑到理想和现实的差距，胤禔能做到这样已经不错了。胤禔十八岁的时候，康熙就让他协助伯父福全征讨噶尔丹，当时胤禔的表现说不上很好，也不算特别差。

那次，清军在乌兰布通打败了噶尔丹，本来是有机会一举歼灭噶尔丹的。但清军内部意见不统一，结果让噶尔丹逃脱。康熙很生气，后来收到了胤禔的密奏，胤禔把责任全推到福全身上。康熙愤怒之下，让胤禔提前回京。

胤禔回来后，康熙教训他："裕亲王是你的伯父，也是你的上司，你不仅越级上奏，还说他的坏话。你知道忠孝两个字是怎么写的吗？"

在这次出征中，胤禔犯了不少过错，福全本打算回去后参他一本，后来得知康熙已经责备他了，想想算了，便把责任揽到自己身上。

从这事可以看出，胤禔这个人虽然没有太子那么过分，但人品也不是特别好。福全是康熙的哥哥，当时若不是康熙出痘，继承大统的很可能就是福全。康熙岂容自己的儿子对二哥不敬？

受了这次训斥，此后，胤禔在战场上的表现还算可以。

太子被废之后，胤禔觉得这下该轮到自己了。加上康熙让他看管太子，并为自己护驾，他觉得这是康熙在暗示：将来由你继承大统。

人一旦有了贼胆，行为就变得放肆，胤禔头脑有些发热，上奏说："胤礽品行卑污，为人不齿。如果父皇想诛杀他，不必亲自动手。"

还没当太子，就想置废太子于死地，对于这种人，康熙是很看不惯的。所以他召集众皇子，说道："你们中如果谁想钻营当太子，就是国贼，国法不容。"

康熙还当面对胤禔说："我虽然废掉太子，让你保护我的安全，但是没有立你的意思。你秉性急躁愚顽，当不了太子。"

康熙让胤禔、胤禛和九阿哥胤禟看管胤礽，胤禔为了气胤礽，将康熙废掉太子的告天文书给胤礽看。胤礽不耐烦地回道："我的太子之位是父皇废的，他要废就废，何必告天。你又何必给我看呢？"

胤禔将胤礽的话添油加醋地转达给康熙，康熙听了后很生气："朕乃受命于天，怎么可以不告知天地。胤礽还这么愚顽，实在让人生气。以后他的话就不用转奏给我了。"

胤禔又把康熙的话告诉胤礽，胤礽回答说："父皇说我其他不是，我不辩解。如果说我谋反，我不服，我根本没这个想法。希望你把这话代我转奏。"

胤禔听了，大喝道："父皇说了，你的话以后不用转告给他了。"

一旁的九阿哥胤禟觉得这事很重要，说："二阿哥刚才的话很重要，不告诉父皇恐怕不好。"

胤禔怒道："父皇都说了，你何必管这闲事。"

这时，四阿哥胤禛站了出来说："九阿哥说的没错，这事如果不告诉父皇，以后追问起来有我们的责任。我们应该转奏。"

胤禔说："不可以。"

胤禛也急了："你不奏，我奏。"

胤禔心想，如果我不让奏的话，到时父皇知道反说我的不是了，只好服软，同意上奏。

胤禔这人做事确实冒失，后来他又上奏说："相面人张明德给八阿哥胤禩看过相，说八阿哥今后一定大富大贵。"

胤禔跟八阿哥的关系比较好，本来是觉得自己没希望了，给八阿哥做个人情，没想到好心办坏事。康熙大怒，让人把张明德抓起来，因为此事，胤禔也被软禁起来。

胤禔跟八阿哥虽然不是同母，但关系非同寻常。胤禩的母亲很早就去世，是由胤禔的母亲惠妃抚养长大的，所以两人形同亲兄弟。

胤禔这招不仅害了自己，也害苦了八阿哥。康熙怀疑胤禩在他背后拉帮结派，搞什么阴谋，当众骂胤禩柔奸性成、野心勃勃，还下令将胤禩软禁起来。康熙实在被这些儿子们搞怕了，居然将三阿哥、四阿哥、五阿哥和十三阿哥都囚禁起来，防止他们兴风作浪。

在软禁期间，三阿哥胤祉还是兴风作浪，他向康熙揭发胤禔迷信巫术，诅咒废太子，并在废太子的住处放了邪物。康熙听后，原本脆弱的神经绷得更紧，他立刻派人去搜查，果然查出了"证据"。此时，康熙的头脑已经很不清楚了，他没想到胤禔可能是被人陷害。

康熙对胤禔失望到极点，他觉得胤禔的罪过比胤礽更大，下令剥夺胤禔的王爵，并永远囚禁。

康熙甚至说出了这样的话："毕竟是亲骨肉，所以朕不忍杀之。"为了防止胤禔将来有报复行动，他派人严加看守胤禔。

胤禔活了六十三岁，其中二十六年的时间是在高墙中度过，虽然贵为皇子，活得却毫无自由。第一轮争夺战中，看似最有希望的皇长子胤禔却最先出局。

三阿哥胤祉平时是一个非常低调的人，他为什么要搞垮胤禔呢？

我们先来了解三阿哥。胤祉在康熙所有的儿子里是最温文尔雅的，学问也最好，所以他出手结束胤禔的政治生命就让人特别起疑。他是受人指使？还是自己动手？如果是自己动手，又有什么动机呢？

胤祉从小就是一个标准的好学生，各门功课都非常优秀，他曾经编纂《古今图书集成》，没有扎实的学问，康熙也不会把这个任务交给他。但胤祉是一个很低调的人，看上去没什么政治野心，还曾经主持过孔庙的祭奠。

大阿哥和二阿哥都被软禁后，胤祉就是年纪最大的皇子了。也许正因为这点，所以他也起了司马昭之心。康熙生病的时候，胤祉表现得非常积极，日夜在一旁照顾。胤祉是一个很有才气的学问家，编写了很多图书，康熙很欣赏他的才干，但是并不认为他是一个合适的政治家。胤祉自己心里会不会也是这样想？从他的表现中，我们就知道他绝不认为自己是一个书呆子。

胤祉走的是低调政治路线。康熙末年，这时候胤祉很受宠，发生了“孟光祖事件”。

孟光祖是胤祉的幕僚，在胤祉最受宠的时候，他忽然打着胤祉的旗号到全国各地奔走。根据当时的规定，皇子的门客如果要到其他各省活动，必须先申请，批准了才能行动。但孟光祖却没有走这些程序，他所到之处都受到了热烈欢迎，在各省之间畅通无阻，这就像是为胤祉做巡回宣传一样。

孟光祖活动的时候，经常以胤礽的名义馈赠给地方大员一些礼品。在四川时，给四川巡抚年羹尧送了厚礼，在江西时给江西巡抚佟国勷送了大礼。那意思仿佛是给这些人通气，告诉他们胤禵就是未来的继承人，你们以后要多多支持他的工作。根据规定，阿哥跟地方大员来往，地方大员必须登记，然后上报朝廷。但地方大员都没上报，显然是不想得罪胤禵。所以孟光祖活动了几年才被康熙发觉，接下来是我们熟悉的一幕，孟光祖被正法，地方大员要么革职要么降级，但也到此为止，不会追查到胤禵头上。

由此可见，胤禵是有政治野心的。雍正继位之后，也因此指责过胤禵，说他以储君自命，觊觎大位。

太子复位

康熙万万没有想到，废掉太子会惹来这么多的麻烦。

储位问题让康熙头脑紧张，想到这个问题，他本能地感觉到一种恐惧。但是这个问题迟早都要解决，谁能帮自己呢？

康熙想到了久违的老臣李光地。李光地是汉人，跟索额图和明珠不一样，他是凭着自己的实力爬上来的，一路中进士，点翰林，做到文渊阁大学士兼吏部尚书，还曾担任过太子的老师。

康熙与李光地的关系有点像刘邦跟张良的关系一样，李光地不是一个权臣，而是一个有智谋的大臣，所以他们君臣的关系还是比较和谐的。

在要不要杀掉胤禔和胤礽的问题上，康熙就咨询过李光地的意见。李光地说，废黜太子囚禁胤禔都可以，但是杀掉自己儿子的行为却万万不可，这对于国家来说是一种不祥的事情。

康熙把自己的困境都坦然告诉李光地，说储位未定，阿哥们个个都蠢蠢欲动，不立储不行啊！要立储的话也不知道立谁。

李光地静静地听着，没有发表任何意见，这是皇帝家事，发表任何意见都必须特别小心。

看到李光地不说话，康熙只好将自己心里的想法全都说出来："之前朕所以废掉太子是因为太子看到自己兄弟死了，冷漠无情，毫无关心之意。二来也是因为太子最近暴虐无常，完全丧失了心智。不过，现在事情已经水落石出了，都是大阿哥在后面搞鬼，让太子中邪了。这次找你来呢，就是想和你商量一下立储的问题。"

李光地听出来了，康熙的言外之意是想复立胤礽。对于中邪一说，理学出身的李光地当然不相信。李光地郑重地说："我现在身居高位，鬼物都不敢近身，何况是二阿哥这样尊贵的人。邪魔之说，皇上万万不要相信。"

李光地的言下之意似乎是不主张复立胤礽。

康熙假装没有听出来，问道："如果不是邪魔，又是什么呢？”

李光地说：“人性。人的地位一旦尊贵无比，就容易产生骄纵的情绪；日子过得安逸了，就容易放纵。骄狂放纵的日子过久了，人的神志很容易昏聩，听不进去别人的任何话。一旦在这种状态中沉湎久了，就很容易改变人的性情，让人狂妄自大，是非不分。”

康熙当然不愿就这么放弃胤礽，他问道：“二阿哥还能改过来吗？”

李光地以前做过胤礽的老师，对胤礽很了解，他说道：“要他变成一个正常人，也不是不可能，不过要付出一些代价，除非二阿哥能够清心寡欲见心明性，不要再过那种糜烂的生活。只要他心境淡泊，时间长了，自然能恢复本性。”

康熙点点头，不过似乎没有听进去，对这种比较玄妙的东西，这位现实的皇帝并不是特别上心。他说道：“朕想再让二阿哥当太子，结束众皇子们明争暗斗的局面。”

李光地听了显然不太赞同，但他不好正面反驳，只说：“二阿哥的病需要时间调养，不可操之过急。”

康熙说要立谁为太子，谁都无法阻拦，他这次召李光地来，更准确地说不是为了征求李光地的意见，是希望李光地把复立胤礽的信息传递出去，看看朝野上下的反应。也希望大臣们能够揣测皇帝的心思，主动请求复立胤礽，这样一来，自己也有面子了，将来也有回旋余地。

但李光地这个人非常谨慎，他知道这事情事关大清国体，再说他本人并不赞同复立胤礽，所以始终没有把这事说出去。

看到李光地不配合自己，康熙只好自己动手了。康熙选择的地方是畅春园，他想在这里搞一次民意测验。作为一个皇帝，康熙拥有至高无上的权力，但作为一个处处以明君标榜的皇帝，他不会粗暴地去实现自己的目标，常常会表现出礼贤下士体察民意的姿态。

这一天是康熙四十七年（1708 年）十一月十四日，康熙把大臣们召到畅春园开会。大臣们从康熙选择的地点就感觉到了这不是一次简单的例会，畅春园是前废太子读书的地方，当然是有含义的。

大臣们到齐后，康熙说道："朕这段时间心力交瘁，主要是废掉太子后，无人为朕分担政务，所以才劳累啊！现在，各位从众阿哥里面推荐一个出来当太子，谁的得票最高，朕就让谁当太子。不过，大阿哥乖戾暴虐，不在入选之内。"

康熙还提醒大臣们，不要搞小团体，秘密串联，更不要互相打听，抱着从众的心理。在这次投票中，康熙剥夺了一个人的投票权，这人就是大学士马齐。康熙为何要禁止马齐投票呢？马齐是富察氏，满洲镶黄旗人，家世显赫。马齐担任过兵部尚书、户部尚书和议政大臣，是朝廷的重臣。康熙禁止他投票是因为马齐跟八阿哥胤禩的关系很好，是"八王党"的领袖。

作为一个很要面子的皇帝，康熙也拒绝承认自己是想要立胤礽。他对大臣们说："上次朕召见二阿哥，有人猜测朕想重新立二阿哥，于是便献殷勤保奏二阿哥，如果你们这样想便错了。立储之事朕自有分寸，到时你们遵旨就行了，不必妄自揣测。跟二阿哥关系近的人不必高兴，跟二阿哥关系远的人也不必担心。”

对于康熙的这个举动，大臣们都非常困惑，不知道他想干什么。除了在上古禅让制时代，从来没有听说过由大臣们推举国君的，当然，满族在入关前，还有大臣推举的模式，但是入关之后这个模式就取消了。

八阿哥胤禩的人缘是最好的，在当时众阿哥中他最会玩关系。听说康熙搞什么选举，他的支持者们纷纷活动，他们在手心写了一个八字，见人就把手心给人看，希望大家都投八阿哥的票。加上八阿哥人缘确实好，有这么卖力的宣传队伍，人气想不高都难。

结果很明显，八阿哥以绝对的优势击败其他皇子。得知这个结果时，康熙目瞪口呆，经过这么多事情，康熙已经是草木皆兵。他担心这个结果背后有什么不可告人的秘密。

不过康熙已经有言在先，强忍着怒火说：“立储之事关系国本，你们要用心点，八阿哥从来没有处理政务的经验，新近又获罪，再者其母身份低微，希望你们能再想想。”

大臣一听，明白了一个道理：皇帝说话是不算数的，之后这事情就这么不了了之。作为官僚集团的首领康熙并不需要用说话算数来体现自己的英明。

康熙当时或许还有一种嫉妒的心理，八阿哥年纪小，没什么威望和军功，居然能够赢得这么高的支持率。如果让他当了太子，搞不好自己都变成冷门了。我是皇帝啊，我想立谁就立谁。

后来，康熙又召见了王公大臣，再三强调说自己最近老梦到孝庄太后和孝诚仁皇后（胤礽的母亲），梦中，这两个女人都是一脸的不高兴，显然都对胤礽被废表示不满。康熙又说，二阿哥上次中邪，迷失本性，现在已经痊愈了。

意思已经很明白了。康熙四十八年三月，他再次宣布立胤礽为皇太子。康熙虽然搞过一次民主实验，但这个实验的目的是想要实现自己的目的，一旦目的失败，康熙马上转向独断。事后，康熙对李光地有点生气，在畅春园的时候，李光地并没有站起来号召大家选胤礽。

李光地是个聪明人，回答说："立储之事，关系重大，只应该由皇上一人乾纲独断，我们这些做臣子的怎么能做决定呢？"

康熙也没有怪罪李光地，反而交给他一个光荣的任务：让他主持太子复立的工作，并好好教导胤礽。李光地尽自己的职责对胤礽说："勤思学道，笃志正学，天聪益开，天性益厚，此乃为君之道。"

康熙尝到溺爱的后果，也劝胤礽："那些规劝你的人，都是你的恩人；那些奉承你的人，其实是害你。以前指出你毛病、批评过你的人，你不要放在心上，更不要报复他们，他们是为你好。"

为了兄弟和睦，造就明君贤王的局面，康熙又说："你的兄弟中，四阿哥能够体会朕的心意，爱朕之心殷勤孝顺，可谓是诚孝。五阿哥心地善良，为人厚道。七阿哥和蔼可亲，八阿哥也称得上贤明，裕亲王生前经常说八阿哥脾气好，心地仁厚，脚踏实地。你要跟他们亲近，让他们将来辅佐你，这样国家才会昌盛强大。"

复立太子的时候，康熙也没有冷落其他儿子，封三阿哥、四阿哥和五阿哥为亲王，七阿哥和十阿哥为郡王，九阿哥、十二阿哥和十四阿哥为贝子。人气最高的八阿哥什么都没得到，这个结局是意料之中，因为他让康熙心情不爽。

再度被废

康熙对太子寄予厚望，希望他洗心革面，成为一个合格的储君。刚开始的时候，太子还比较收敛，康熙和李光地的话能起到一点作用。太子对康熙承认了自己过去的错误，认错之后他又说："虽然我犯了这些错，但有人利用我的错来陷害我也是事实。"

也许太子说的是实话，但这样的话是康熙不喜欢听的，在康熙看来，这是冥顽不化的一个证据。太子还对康熙册封其他阿哥感到不满，尤其是三阿哥、四阿哥和五阿哥册封为亲王，已经明显威胁到太子的权威。以前阿哥中最高不过郡王，跟太子隔开了档次，现在位置如此近，意味着这个太子之位很不稳固，地位大不如从前。

太子缺乏自知之明，其实他被废最根本的原因还不是自己性格乖戾，而是形成了太子党，甚至让康熙感到威胁。想不到复位没多久，太子又故态复萌，在他周围很快又聚集了一帮大臣和心腹，随着太子的羽翼越来越丰满，康熙的不满也越来越强烈。

在太子的党羽中，有步军统领托合齐、兵部尚书耿额、刑部尚书齐世武、都统鄂鄯等人，这些人都是掌握着大权和实权的人物，主管国家的命脉——行政、军事、刑罚。除此之外，太子又开始作威作福，到处勒索，在地位尚不稳固的情况下，这无异于引火烧身。

原户部尚书王鸿绪因为推荐八阿哥被罢官，回到江南后，曾经对人说："东宫虽然复位，圣心却依旧不稳。"一语道破关键，太子此时最好的选择是明哲保身韬光养晦。

不过，康熙还是一如既往地溺爱这个儿子，正像他后来对人说的："每个人都有自己喜欢的儿子，也有自己不喜欢的儿子。碰上自己喜欢又不肖的儿子，这是宿命。这么多年来，朕默默忍受着这种痛苦，这是别人无法理解的。二阿哥的行为让朕痛心无比，他让我谴责谁，我就谴责谁，他让我惩罚谁，我就惩罚谁，他让我流放谁，我就流放谁。除了他让我处死的人，我没有照办，一切都顺着他。我原本以为一切顺着他，他就会心情安静快乐，心情安静快乐就会从善，没想到适得其反。”

顺着一个人，就会让一个人愉悦快乐，愉悦快乐就会从善——康熙这个逻辑实在有失一代明君的水平。

康熙五十年（1711 年）十月，有人举报步军统领托合齐等人在东宫违法聚会。听到这个消息，年老的康熙身子晃了晃。有人说，太子在家里宴请客人很正常的事情啊，康熙不至于反应这么强烈吧？如果太子宴请的是文人雅士，饮酒赋诗还可以理解。但太子宴请的是军政要人，这是康熙无法容忍的，他再一次感到手中的权杖亮起了红灯。一个老年人是脆弱的，一个老年的皇帝对皇权尤其敏感，哪怕是自己的爱子，他也未必放心。

康熙心想，就算太子安分守己，他的党羽中只怕会有奸诈之人怂恿他做大逆不道的事情。兵部尚书耿额以前就是索额图派系里的，现在他跟太子走这么近，会不会吹耳边风，让太子为索额图复仇？想起这些，康熙不寒而栗。

多疑是人性的痼疾，康熙既然怀疑到了耿额和整个太子党，不管有无实据，定要先下手为强。他以迅雷不及掩耳的速度对太子党展开了清洗，将耿额、齐世武、鄂鄯等人抓了起来，托合齐很机警，他一闻情况不对，立即主动提出辞职。但托合齐最后还是被抓了起来，病死狱中，死后被康熙挫骨扬灰——受到这种待遇的人一般都是威胁到康熙的皇权，或者康熙自认为皇权被威胁了。

康熙五十一年（1712 年），太子再次被废。再次废掉太子，康熙显得特别从容，应付自如，他说：“朕第一次废黜太子的时候，感到痛心疾首，但这一次不会了，朕觉得泰然自若。”

最后康熙下了一道死命令：“以后如果有人说胤礽改邪归正，请求复立的话，推出去斩首。”

尽管如此，康熙仍然对储位真空感到烦心，这意味着诸皇子又要开始白热化的竞争了。从努尔哈赤开始，清朝所有的皇帝都对立储一事感觉焦心，康熙也没能逃脱这个规律。归根结底，还是个人倾向跟客观事实的矛盾，立储中考虑的因素太多，互相牵制。

太子被废后几个月，左都御史赵申乔上疏说立储是国本，请求皇帝再立一个太子。康熙对此感到烦心，敷衍道：“立储是大事，朕怎么会不知道？但事关重大，也不能随随便便就立一个。”

为了让大臣们心服，康熙还援引历史说：“本朝自开国以来就没有立储的先例，太祖皇帝生前没有立太子，太宗皇帝也没有。在前朝这也不是什么奇怪的事，宋仁宗三十年没有立太子，不立太子也没什么。我们可以看看汉唐的那些太子，如果太子年幼，还没什么事情。只要太子年长，周围总会聚集一帮宵小之徒，搞不好就会闹出一点事情来。”

皇权就像一个放大镜，将人性自私丑陋的一面放大许多倍，所以，在太子这事情上不能把错误完全推到太子身上。至于太子是否真像史书记载的那么不可救药，也不能完全相信，里面应该有渲染的成分。当然，太子自身做得不够好，应该也是事实。

康熙似乎不想再立太子了，在所有皇子中，八阿哥地位很低，但似乎深得人心，连裕亲王福全生前都说他好话。如果立其他阿哥为太子，大臣们不服的肯定很多。但康熙是肯定不会立八阿哥为太子的，对于抢自己风头的人他一向不欣赏。

但是储位孤悬，皇子们都垂涎三尺，就连两度被废的胤礽都仍然不甘心，想有朝一日东山再起。康熙五十二年（1713年）的会试题目是“放太甲于桐宫”，太甲是商朝的太子，因为暴虐无道被伊尹软禁在桐宫，三年后，太甲洗心革面，后来又被迎接回来复立为太子。康熙出这么个题目，很多人猜测他可能想再度复立胤礽。

胤礽本人大概也听说了这事，很希望康熙能再给自己一次机会。康熙五十四年，准噶尔部落再次闹事，康熙决定派兵征讨。得知此事后，胤礽想利用这个机会摆脱困境。他趁医生给自己看病的机会，用矾水写信，交给医生，希望他转交给正红旗的都统，让他保奏自己为大将军，带兵出征。结果，医生出宫的时候被搜查出来，胤礽的梦想泡汤。

朱天保上奏之密

康熙五十七年（1718年）正月二十日，发生了一件大事。

一个叫朱天保的人给康熙上了一道奏折，看完这道奏折，康熙的反应非常强烈，他居然想动刀杀人。

这究竟是一道什么奏折呢？居然让颇有修养的康熙大动肝火。说来，这事还跟太子案有关。朱天保在奏折中说："二阿哥性本仁孝，虽然因为思想作风的问题被废，但这些过失都是因为小人的唆使，如果将他身边的奸佞都罢免，那么二阿哥潜在的仁德就会彰显出来。"

康熙看完这道奏折，很生气。晚年的康熙神经比较敏感，他立即把朱天保召过来质问。

康熙问道："你在奏折中说二阿哥仁孝，从哪里可以看出来？"

朱天保："我的父亲朱都纳告诉我的。"

康熙说："你父亲当年了解的，是二阿哥还没有得病，学问和骑射都还过得去的时候。但自从得了病，他头脑不清楚，行为怪诞，丧心病狂。二阿哥曾经在朕的面前骂翰林院学士徐梦元，侮辱徐梦元的父母，不仅如此，他还把徐梦元推入河中，揪上来后继续打。不仅如此，他对自己的亲戚也很粗鲁，常常破口大骂，这些情况你了解吗？你凭什么说他仁孝？"

朱天保语塞，只好说："奴才不知，冒昧陈奏，请皇上降罪。"

经过追查，康熙得知是朱天保的父亲朱都纳和岳父戴保指使他这么干的。一个月后，康熙告知审判结果："朱天保为了日后得宠，违规上奏，还出卖了自己的父亲和岳父，可谓是不忠不孝的典型，立即正法。戴保也正法，朱都纳免死，妻子入宫。"

处死朱天保的时候，康熙还让朱天保的父亲前去观刑。从这件事情中可以看出，康熙后期心理发生了微妙变化，这个一向以仁孝治国的明君似乎也开始变得残暴乖戾。

在康熙一朝，立储之事几经风波，最后以失败告终。

第九章　康熙朝悬案

南山案中康熙重拳出击，目的就是为了达到这样一个效果：民间学人不要妄自修史，朝廷掌握着话语权和对历史事件的最终解释权。

妖人案

众所周知，康熙是按照儒家的理想治国的。康熙一直奉儒家学说为正统思想，但是对佛教、道教和天主教也采取了包容的态度。

在康熙一朝，怪力乱神的事情很少见，但是还是出现了一个值得一提的案子：妖人案。

这个案子因为语焉不详疑云丛生，又增加了几分神秘，成为清初又一个悬案。

乾隆年间的历史学家蒋良骥在《东华录》中对此事有记载，里面说九卿中很多大臣，包括王鸿绪在内上疏参劾楚人朱方旦，说这个朱方旦自号二眉道人，以修炼为名，行欺世盗名之实。这个道人有很多信徒，经常自吹古人所谓的圣贤者就是得道之人，道在哪里呢？道人说，就在我的两眉之间，所以朱方旦又自称二眉道人。这个道人的信徒把他比作继孔子后两千年来最伟大的圣人。

在正史中是这样记载的：康熙二十一年二月初五，康熙在乾清门听政，大臣们捧着文书，向康熙奏道："根据宗人府提供的材料，前革职将军勒尔锦赋闲在家的时候结交江湖术士朱方旦，并赠送朱方旦'至人里'和'圣人堂'的匾额。此外，前湖北巡抚张朝珍也给朱方旦送过'圣教帝师'的匾额……"

康熙听完后，并无多大的反应，只说："这件事不用查了，朕早已知道，赠匾之事确实属实。勒尔锦在锦州带兵的时候，朕就知道这事了，而且朕早已嘱咐勒尔锦，朱方旦是个狂妄小人，遇上军机大事万万不要听从他的意见。朕也记得张朝珍曾经对钦差大臣说朱方旦是一个神奇的人，应该跟他见见。张朝珍曾经在衙门里隆重接待过朱方旦，这些事情朕都很清楚……"

一段时间后，审判出来了：勒尔锦拘禁，张朝珍因为病故，无法追究，但革去世职；朱方旦及其亲传弟子俱斩首。

官方的记载就这么多，事情的真相又是怎样的呢？

清官张伯行是一个大学问家，他记载朱方旦善于"修养练气"，朱方旦自称懂得奇术，能够预知吉凶。民间传言他的法术非常灵验，很多公卿和百姓都很相信他。

朱方旦的信徒相当多，从湖广到江浙，到处是他“歪理邪说”的足迹。据说他光临一个地方，连封疆大吏都跪地相迎。

如果朱方旦是一个骗子的话，偏偏他的文化水平也相当高，还出了一本《中说补》的书，这其实是一部关于中医和气功的书。由此可见，这人多少还是有些水平的，不是纯粹的江湖骗子。

朱方旦神秘的地方还不止于此。他曾经触犯过刑法，当年湖广巡抚董国兴把他押送到京师。刑部讨论后准备问斩，朱方旦已经被送到法场去了，忽然太皇太后的懿旨到了，要求释放朱方旦。

就这样，朱方旦被召到宫中，在迷信神神鬼鬼这些事情上，孝庄跟后世的慈禧有类似的地方。她很宠朱方旦，问他事情，朱方旦居然能够屡屡说中。这样一来，朱方旦红遍紫禁城，王公贵族大都奉他为活神仙。朱方旦实在是太红了，红到他自己都觉得忙不过来，累得受不了。于是，请求康熙让自己回乡修道。康熙也批准了。

回到湖北没多久，三藩叛乱，湖北一带已经乱了。朱方旦投到顺承郡王勒尔锦的门下，勒尔锦对他非常推崇。后来，湖北巡抚张朝珍也听说了朱方旦，了解后，又对朱方旦五体投地。勒尔锦失势后，朱方旦失去了靠山，自谋生路，到江浙一带传道。

这样一个人在那个迷信的年代很容易被妖魔化，民间的传说不断地丰富着朱方旦的形象，丰富过头了，其人的真实面目就逐渐走样。孟森在《朱方旦案》中写道：“历史稍久，则传闻失实，语多怪诞，不可究诘矣。”

在乾嘉时期文人随笔中，朱方旦被描述成任我行那样的人，他羽翼丰满之后，企图带领信徒去龙虎山阴谋篡夺张真人的权，这些笔记还把朱方旦的妻子描述成狐妖。甚至说，朱方旦想攻打龙虎山是受了狐妖的怂恿。最后，张天师用计除掉了这个狐妖，朱方旦从此一路下坡，走向了穷途末路。

这些笔记的记载毫无疑问不是真实的，但确实说明了一个问题，朱方旦在民间的影响力很大，这是朱方旦被清廷恼恨的重要原因。

清廷究竟给朱方旦治了哪些罪呢？

首先是朱方旦传播了异端思想，违背了圣人之道。朱方旦提出了哪些异端的思想呢？首先他提出了思维在脑，这个观念比较现代，可能跟朱方旦的从医经验有关，也有可能朱方旦接触了一些西方传教士传播过来的科学知识。在中国传统思想里，主管人思维的器官是心脏，这对传统的儒家学说是一种冲击，统治者对此很快就感觉到了。

西方传教士南怀仁也曾经提出过人的思维、知识不在心里，而在大脑中。这种学说受到了一些守旧大臣的驳斥，康熙勒令南怀仁烧掉异端书籍。

朱方旦第二个罪名是以下犯上，朱方旦不过是一介平民，却自比圣人，把自己抬到跟皇帝差不多的位置，这分明是对康熙皇帝大不敬。

朱方旦第三个罪名是诬蔑圣贤，朱方旦的弟子公然叫嚣孔子思想已经过时，朱方旦是新时代的圣人。这在儒家思想占据统治地位的时代绝对是大逆不道的。

朱方旦的第四个罪名是影响社会稳定。由于朱方旦常年活跃在民间，聚集了众多信徒，这对于当时的清朝社会来说，是非常不安定的因素。在清朝统治者眼里，朱方旦的这个组织很容易发展成流寇，白莲教就是最好的例子。

王鸿绪为了让康熙下定决心拿掉朱方旦，故意将朱方旦跟黄巾军的领袖张角和元末的明教领导人刘福通相提并论，说这个朱方旦心怀鬼胎，现在不除，日后恐怕会酿成巨祸。

然而，让人吃惊的是在清宫的秘密档案中，我们发现了康熙的另一面：原来康熙也包养民间术士。这下我们就释然了，如果康熙真的对道术非常排斥，朱方旦也不可能发展成那么大的声势。

从正史中，我们很难看到康熙对佛教、道教特别感兴趣，包括耶稣教。这可能跟康熙所受的教育有关。康熙十二年，他在弘德殿讲经的时候曾经提到过道教。当时熊赐履就进言说："自古以来，圣主明君就没有沉溺释道的，即使有这样的皇帝，像秦始皇、梁武帝，最后也是贻笑千古，只要沉溺释道，便会损伤君德啊！希望皇上能够引以为戒。"

康熙对此表示赞同，说道："这是正确的言论啊，朕一定会牢记在心。"

后来，康熙又对熊赐履说："朕生来就不喜欢仙佛，所以你让朕远离异端邪说，崇尚正学，朕一听便心领神会，绝无动摇。"

康熙十一年（1672 年）二月，康熙陪孝庄前往赤城泡温泉。一天，康熙前去太皇太后行宫问安，回来的时候忽然看见路旁跪着一个道士，康熙很奇怪，便让明珠去询问。道士叩头说："我是金阁山上灵真观里的道士，恰逢圣主来这附近，希望皇上能够赏赐给我们一面锦旗，并给小观赐个名号。"

如果是一般的皇帝，可能就答应了，不就一个名号吗？但康熙很严肃，他对臣子们说："这个道士不是个好东西，妄求朕给他赐号，然后愚弄老百姓。"

康熙拒绝了那个道人，随后便下谕："朕亲政以来，像这种请求给道观寺庙赐号的行为，一概不准。历史上喜好佛教和道教的皇帝，没几个得到好处，反而会受损。梁武帝嗜好佛教，不住在宫里，反而住在寺庙里，结果怎么样呢？竟然饿死在台城。宋徽宗喜好道术，结果呢？父子都成了金人的俘虏。这就是古人的教训啊！真正的道士应该清净无为，修养身心，干嘛要请朕赐号呢？有名无实算什么真道士？像这种贪婪的道士本来应该给他个教训，现在谅他初犯，朕就不跟他计较。以后再发生这种事情，绝不饶恕。"

从这些正史中，我们可以看到，康熙这个人是不信怪力乱神的。不过，揭开历史的帷幕，我们可以看看康熙另一面。

根据清宫档案记载，康熙曾让手下秘密招募术士。事情经过大概是这样的：在康熙晚年，策妄阿拉布坦发兵入藏，康熙派遣部队镇压，结果远征军全军覆没，天下震惊。清廷从此把入藏看成是危险之旅。康熙为了振作士气，让人寻访一些会“法术”的道士在军中。有一个叫李庆安的道士到了前线，施展了一些法术，奇怪的是，还真的挺灵验，连前线的将军也上奏说这个人确实有真本领会法术。

李庆安也是一个非常狂的道士，他曾经对康熙夸下海口：“不用大军，只要给我几百人，让我训练，我亲自率领，就可以剿灭策妄阿拉布坦。”

对于这些东西，康熙本着宁可信其有不可信其无的原则，甚至让前线将军严守机密，千万不可泄露。

康熙对李道士非常器重，授予他密奏的特权，还专门给他一个特殊的奏匣，看到这种匣子就知道是李道士的密奏了。

除了行军用术士，在养生这块，康熙也秘密招揽了一些江湖术士，修习气功养生之道。康熙曾经收到一封密折，密折中提到民间有一个王真人，这个人静养的功夫出神入化。康熙很好奇，让人去请这个人。

密使回报说：“王真人练的是先天贯通三教的套路，没有勉强造作的劳苦，纯粹以自然无为存神顺化为根本，似乎是一个真正的真人。但他说口诀不能轻易传，需要皇上下圣旨，才能传。王真人说，有慧根的人很快就入道，资质中等的需要十来天，资质下等的也只要个把来月。我们细查他的言行，考察他的举止，确信这个人有真功夫。只不过因人资质不同，需要试了才知道。”

康熙批道：“知道了。王真人的真传，朕会留心的，但有些犹豫。朕政务繁多，担心入道之后，误了正事，你们找两个人先试试，看看情况如何。”

后来，两个太监练这个功夫，感觉效果还不错，并声称达到了道教中的杳冥境界。

我们不知道康熙有没有练这套功法，但是很显然，康熙并不像外界所认为的那样，对道佛之事完全不感冒。

“大内密探”江南织造

要想了解这些“大内密探”，我们先讲一个发生在康熙三十七年的故事。

这事发生在苏州。一个身份卑微的家仆孙云带着一帮地痞流氓，闯进苏州一个绅士的家里闹事，后来又在街上众目睽睽之下殴打该绅士。这个绅士叫陆经远，是一个有来头的人。他本人是康熙二十一年的进士，当过知县、御史、国子监丞、通政使等官职，虽然说不上是什么高官，但起码是朝廷的正式官员；而且此人的舅舅是当朝大学士徐元文。

肇事者不过是一个家仆，居然敢打这么有来头的人。这让人好奇，更让人好奇的是案发后，地方政府居然没有立案，而是互相推诿，观望四方。

可见这个家仆的背景也不小。后来，苏州织造出面，羁押了肇事者和地痞，官府才敢立案。

案件一审，才发现那个家仆是苏州织造府内司库的一个家奴，他的主人是李永寿，李永寿是苏州织造大人李煦的亲戚。

家奴最后被治罪，不过李永寿一点事都没有。

李煦给康熙上了一道奏章，说："李永寿系包衣下人，不思安静谨慎，仰报皇上洪恩，辄混买无赖之徒，平日不能教训，临事不能约束，以致殴官抄抢……"

我们注意到，在李煦的奏章里出现了"包衣"这个词语，其实，这正是地方官府不敢给李永寿治罪的真正原因。

什么是包衣呢？说白了，就是满人的奴隶。

有人更奇怪了，奴隶不是没有人身自由的吗？身份不是更低微吗？如果这么想就错了。早期包衣的身份确实很低，他们大多是战争中被俘的人，当然也有少数因为赤贫而自愿为奴的人。奴隶的命运是很悲惨的，一天为奴，终身为奴，而且子孙后代世世代代为奴——我们同情还来不及，怎么他们会享有那么多特权？这恰好说明了理论和现实是两码事。

在1620年左右，满人将包衣纳入旗下，并设置了军制，包衣直接受皇帝或亲王控制。包衣的后代因此成为皇帝家奴，这就是曹寅和李煦家世的渊源，曾经烜赫一时的荣国府说白了以前不过是家奴。

曹家祖先是在1621年沈阳沦陷时沦为包衣，李家的祖先要晚二十多年，后来这两家都归属于正白旗，成为内务府包衣。

祸福相依。本来做奴隶是一件痛苦的事情，但戏剧化的事情出现了，由于这些家奴跟皇室的关系特别近，久而久之，他们的地位比八旗中的自由人还高。他们长年待在皇帝身边，很容易被皇帝视为亲信。皇权是一项孤独的事业，历代皇帝都相信跟自己关系近的人。

包衣一般没有官职，但这不是绝对的，如果他们的后代中表现出过人的能力，升官的机会比那些读书人还多。包衣一旦做官，他们就有了双重身份，一个身份是朝廷的官员，另一个身份是皇帝的间谍和密探。

曹玺的老婆曾经是康熙的乳母，康熙是个很注重孝道的人，对曹玺一家十分照顾。曹玺去世时，康熙亲自登门慰问；康熙几次南巡都在曹家落脚，俨然把这里当成自己的家。李家比曹家地位更高，李煦的母亲曾经是康熙的保姆，李煦的表妹入宫做了康熙的嫔。

在康熙朝，曹李两家享尽荣华富贵，这固然跟他们与皇帝的关系密切有关，但最重要的还是他们担负起了一项重要的职能：为皇帝搜集情报。

康熙四十七年（1708年）正月十九日，李煦急匆匆地给康熙发了一道奏折，奏折中说他的家仆王可成不幸在路上将奏折遗失，希望皇帝恕罪。康熙朱批："你所奏的是密折，跟地方官不是同一类型。朕赦免你和你的家人。这种事别让外人知道。"

由此披露出了康熙朝重要的制度——密折制度。康熙没有建立起像明朝锦衣卫、东厂那样的特务组织，但皇帝又不能缺乏一个情报组织，密折制度应需而生。

康熙对密折制度做出了一些规定，为防止这种制度蜕变成特务组织，他规定密折内容仅限于雨雪粮价、吏治、盗贼、社会流言。

密折中最重要的还是地方上的状况，由于这些案件往往跟地方官的利益有瓜葛，地方官往往不会如实奏报。这种情况下，康熙就需要自己的亲信给自己传来第一手的信息。

康熙五十年（1711 年）的江南科场案，曹寅先后给康熙发了六道密折，而李煦送上去的奏折更多，有十四份。没有这些奏折，康熙很难了解地方上的真实情况。密折制度对康熙朝的治国起着积极重要的作用，但也带来了一些负面的影响。

密折制度虽然保密，但久而久之也会成为大家心照不宣的事情。这样一来，六品织造的权力比封疆大吏还大。地方大员自然会向织造们靠拢，这样一来，特权看上去风光，却隐藏着致命的危险。织造们对此心知肚明，所以在写密折的时候也是非常小心的。比如，有一次李煦给康熙写了一份请安的折子，顺带报告了江南提督张云翼病故的消息。康熙大怒，朱批道："请安的折子不该与这种事混在一起写，甚为不敬。"

君心难测，曹李两家都有这种感觉，而且他们也很清楚，自己做的是一件得罪人的事。皇帝有时候会怪罪自己，地方官员呢肯定会对自己保持高度的警惕，他们难免也会中伤自己。由于密折制度涉及官场利害，很难独善其身，所以在雍正朝的时候，曹李两家都被抄了。

江南有三个织造，名义上的工作是负责皇家的纺织工厂，并将这些丝绸运往北京。织造们品级很低，俸禄也很一般，但是个个腰缠万贯富甲一方，可见这是一个肥差事，织造们相当于皇帝钦定的包工头。

就拿曹寅来说，他有三个工厂，六百六十四张织布机，两千五百名专业工人，至于学徒和仆役就更多。曹寅的俸禄是年薪一百零五两白银，年终红利一百零八两。如果要贪污清朝廷的拨款也很难，朝廷拨给的经费也不高。光靠清朝廷的拨款是不可能维持这么大的开支的，所以这些织造们个个都发挥资本家的天赋，他们有办法让钱生钱。

曹寅生财之道是向康熙借钱，然后收购铜矿，赚了不少钱。八年后，曹寅还想继续，康熙叫停了他。后来，他又投资盐业，赚的钱更多。曹寅后来担任巡盐御史，利用职务谋求了巨大的私利，并由此导致了亏空，虽然因此被起诉，但是在康熙朝曹李两家始终高枕无忧。

在发家致富这块，最美的差事莫过于接待南巡的清朝皇帝。不仅皇帝赏赐，地方官员也纷纷贿赂。

曹李两家经营几十年，积累了万贯家私，但是破产只在一夜间。

康熙六十一年（1722年）十一月十三日，康熙在畅春园驾崩，这对有些人来说是一个天大的好消息，但是对另一些则是灾难的征兆。在雍正元年的时候，李家首先被控贪污公款。

雍正这个人跟他父亲不一样，很多他父亲生前喜欢的人他都讨厌。雍正刚上台不久，就撤了李煦的职位，此时，李煦已是风烛残年。

新上任的苏州织造胡凤翚到任不久就查出李煦亏空的问题，并上奏给新皇帝雍正。雍正立刻派两江总督查弼纳调查此事，查弼纳办事很有效率，很快就把李煦在京城和苏州的两处家产全部抄查。更惨的是，李煦的家人和仆人也全变成奴仆，拉到街上去拍卖。雍正对年羹尧特别好，让年羹尧自己去挑选。

曹家的处境也好不到哪里去，不过灾难降临的时候比李家晚了六年。雍正五年十一月二十四日，山东巡抚塞楞额给雍正参了曹家一本，说是江宁织造的杂役路过山东时，骚扰勒索驿站。雍正是个对腐败非常痛恨的皇帝，让人立即查清这件事。

查出来的结果反倒跟骚扰勒索没有多大关系，结果发现江宁织造曹頫行为不端，作风不正，亏空很多。第二年年初，曹家就被抄。雍正将曹家的人给大将兼好友隋赫德为奴。后来隋赫德看到曹寅的遗孀艰难度日，无法养活自己，便将崇文门外蒜市口（现为曹雪芹故居纪念馆）房十七间半拨给他们。曹家就这么衰落了，曹家如果不衰落，曹雪芹在后世也不会写出《红楼梦》。

曾经名噪一时的“大内密探”就这样走向了不归路。

我们发现导致曹李两家破产的罪名都是亏空，至少名义上是这样，说明亏空是实有其事。

曹李两家都很善于经营，那么是什么导致了他们的亏空呢？

这跟曹李两家承担康熙南巡的费用有关，当然，曹李两家花钱也是非常大方的。康熙在生前就警告过曹李两家："以后各方打点的费用就免了，奉承上司的费用也取消，好好补足盐差的亏空吧！如果不听朕的金玉良言，以后你们会后悔莫及的，你们要为子孙后代的身家性命考虑啊！"

可见，亏空问题在康熙朝大家就心知肚明，康熙出于情感上的原因，一再给曹李两家机会，让他们补上亏空。康熙还曾帮曹寅还上了三十二万两的债务，但是到了雍正期间事情就没这么好办了。

不过，经济原因只是曹李两家败亡的表面原因，另外的原因恐怕还是政治上的。

李煦曾陷入"党争案"中，有人控告他曾经给八阿哥赠送漂亮的奴婢，八阿哥当时的人气很高，李煦在他身上投资也是正常的。但对于明察秋毫的雍正，这事肯定是不愉快的。

雍正继位后，对一些人进行了大清洗。雍正曾经指责曹頫到处跑关系，跟一些皇子们关系过于亲近。雍正还警告他，如果他违法乱纪，就是皇子们也救不了他。

从雍正的谕旨中我们可以看到，曹家被抄也不完全是因为经济原因，再加上曹寅生前是支持太子胤礽的。九阿哥胤禟是八阿哥和十四阿哥的支持者，被雍正深为忌恨，之后被雍正幽禁致死。胤禟跟曹家是有来往的，在康熙时代胤禟曾经参与制造江宁织造的镀金石狮子，这是曹家和胤禟交往的直接证据。

由此可见，曹李两家还是政治斗争的牺牲品。

南山案

大清一朝，发生过一百七十多次文字狱，南山案是清朝最大的文字狱，也是唯一一个被后代皇帝平反的文字狱。为南山案平反的正是雍正皇帝，至今人们摸不透雍正平反的真正原因，但这事似乎又在验证这样一个推断：凡是康熙喜欢的雍正都厌恶，凡是康熙厌恶的雍正都接纳。

康熙五十年（1711 年）十月十二日，左都御史赵申乔突然参劾翰林院大才子戴名世，说这个人恃才傲物，妄窃文名，还是贡生的时候，就私自刻印文集，里面文辞狂逆，信口雌黄，颠倒是非；现在当上了朝廷命官，仍然作风不改，依旧口无遮拦，轻狂不羁，希望皇帝能够给他一点惩罚和警告。

从赵申乔的动机看，他似乎跟戴名世并没有什么深仇大恨，并没有想要置人于死地，只不过是希望皇帝能够教训教训这个狂生，打压一下他的气焰。

刚开始的时候，康熙对这个案子并不重视，此时他忙于废立太子之事，焦头烂额。但是刑部接到这个案子后很较真，此案很快就升级了，戴名世以前的恃才傲物和狂放不羁很快就变成大逆不道的罪名。

这还得从戴名世的著作《南山集》说起。这本书讲到了南明的一些情况，用了弘光、隆武、永历之类的年号。就戴名世本意来说，他是想如实完整地记录当时的历史，但恰好犯了清朝统治者的大忌。

从审判的阵容就可以看出清廷对此案的敏感程度，刑部、都察院和大理寺共同审理了这个案子，对戴名世进行严刑拷打。

戴名世不得不认错说："《南山集》《孑遗录》等都是我年轻时写的狂乱文章，当时糊涂，不知触犯了大忌。没有和任何人商议，也没有让任何人整编这本书。我当时参考了方孝标的《滇黔纪闻》，看到此书有混乱悖逆之语，当时也没有考虑太多，就照搬里面的话。"

戴名世的供词迁出了方孝标，方孝标的儿子方登峰在供词中说，父亲方孝标喜欢游山玩水，以前到过云南贵州一带，返乡后写了《滇黔纪闻》，其中记载了弘光、隆武、永历的年号。方登峰是个不孝子，他还供出父亲曾当过吴三桂的幕僚，虽然时间很短，但毫无疑问已是大逆。

最后，刑部议定：戴名世凌迟处死，祖父子孙兄弟以及同居之人，不分异姓，伯叔兄弟之子，不限籍贯，只要十六岁以上，不管残疾健康，一律斩首；十五岁以下的男子，以及母妇妻妾姊妹，等等，全部发配给功臣家做奴隶，财产入官。方孝标依律当被凌迟处死，不过人已去世，应当挫骨扬灰。为方孝标作序的汪灏和桐城派的领袖方苞被判绞刑，后来改为免死，发配东北。这场文字狱中问罪人数多达数百人。

让我们来了解一下案情的整个发展过程。

戴名世是安徽桐城人，顺治十年出生，曾经隐居南山，时人称之为南山先生。他的家世虽然称不上显赫，也是书香之家，祖父和父亲都做过知县。戴名世跟桐城派领袖方苞是亲戚，他的母亲是方苞的姑母。戴名世这个人从小就很有才气，因为才华甚高，为人难免有些恃才傲物。同时，他这个人又比较愤世嫉俗，由于小时候受的教育影响，年轻时他对清廷很不满，在早期的一些作品中，他对反清义士进行了热烈的歌颂。

康熙十九年（1680 年），为了生活，戴名世逐渐对清廷妥协。三十岁的时候，戴名世与好友参加科考，成为贡生；三十四岁时，他又被推荐进入全国最高学府国子监学习。由于戴名世恃才傲物，得罪了不少人。

在京城的时候，他给同乡张英的儿子当家庭教师，张英当时担任都察院左都副御史。有一次，张英问戴名世："世间最可恶的是哪种人？"戴名世回答说："媚人者最为可恶。"

张英笑道："不然，媚人者因好媚者而媚之，所以好媚者最为可恶。"

张英虽然不是个才子，但是思想言谈显然比戴名世更深刻，戴名世固然有才，却难脱书呆子气。

戴名世后来在京城参加乡试，可惜落榜了。在京城的日子，戴名世很不得志，他愤世嫉俗，自视清高，但没人买他的账。

最后，戴名世不得不四处游历，在这个过程中，他增长了见识，丰富了阅历，而且还编纂了一些重要的图书，譬如

《小学论选》《四书朱子大全》等等。

晚年，戴名世仿佛看透了世界（现实是无法逃避的东西），再次回到科举路上，这次他中了举人。但是第二年的会试却名落孙山。

五十七岁的时候，戴名世时来运转，中了会元，接着在殿试中又中了榜眼，康熙钦点他为翰林院编修。当官之后，戴名世并没有意气风发，反而消沉低落。李光地曾说他“颓唐无精神”。至于那个给戴名世带来灭顶之灾的《南山集》，是他的门生龙云鄂把他的文章收录整理而成。

赵申乔在康熙五十年参劾戴名世，但是最后的终审是在康熙五十二年，前后持续一年半的时间。康熙一开始对南山案是慎重的，他说道：“戴名世等是个大案子，朕要仔细考虑。”

此案拖了很长时间，中途似乎有很多转机，因为案犯都是朝廷命官，所以在狱中受的待遇不算差，他们住在比较好的房子里，可以和外面书信往来。李光地曾经为他们说情，可惜没有多大的效果，反而惹怒了康熙。由于朝廷中有许多人求情和营救，案犯们并没有感觉死到临头，像重要嫌犯刘岩和方苞中途还出狱做官。

康熙五十二年（1713年）二月初六，康熙下旨：“戴名世从宽免凌迟，立即处斩，方登峰兄弟等人从宽免死，发配黑龙江。案件牵连的家属本应处死的全部流放……”

戴名世在狱中非常后悔，因为写文章时不小心用了几个词语就招致杀身之祸，确实很冤。但在狱中有段时间，他又抱着希望，认为自己可以获救，他在诗中写道：“长系年余身尚在，尧仁千古仰宽容。”

当然，戴名世最后还是难逃一死，不过康熙还是给予了一些仁慈，他的儿子没有被追究，也没有被发配，而是回到原籍。戴名世被斩首后，允许其友人收拾他的尸骨，葬在南山。

在这个案子中还出现了一个误判，这是关于方氏家族的。

赵申乔参劾戴名世根本没想到会连累到方孝标。康熙认为方孝标参与了吴三桂谋反，其实事情不是这样的。方孝标确实曾在云南游历，当时正逢吴三桂造反，不过方孝标并没有成为吴三桂幕僚，如果说有的话，也只是短暂的接触。方孝标很可能建议吴三桂立崇祯后裔，吴三桂拒绝后，方孝标就离开了。

康熙说方孝标当过吴三桂的大吏，显然是弄错了。康熙说的人是方光琛的儿子方学诗。吴三桂失败后，方光琛家人大多被杀，只有方学诗逃出在外。方学诗跟方学士是重音，大臣都叫方孝标为方学士，康熙听着就以为是方学诗。

在这个案子中，方家唯一得到赦免的是方苞，作为桐城派的领袖，他的才华是不必说的。李光地屡次在康熙面前为方苞说话，当时康熙正缺一个古文高手，在朝廷中，方苞的水平数一数二。考虑到其才能朝廷需要，康熙不仅释放了此人，还提拔重用他。这是才华带来的特权。

南山案中康熙重拳出击，目的就是为了达到这样一个效果：民间学人不要妄自修史，朝廷掌握着话语权和对历史事件的最终解释权。

这个案子并没有到此结束，最让人意外的是雍正刚继位不久就为这个案子平反，赦免了涉案人员。前后只有十年的时间，案子就得到了平反，这是让人欣慰的。雍正曾经对方苞说："你们是被人陷害，朕了解到情况，当然要宽恕你们。"乾隆年间，为了改修《明史》，乾隆公开下旨说，可以用南明皇帝的年号。乾隆的这个态度是正确的，因为你要记述明朝的历史，要做到客观完整，用明朝的年号是很正常的，并无任何大逆不道的地方。

朱三太子案

说到朱三太子，让我们还是回到明朝亡国崇祯自杀的那天。

闻知李自成大军进城，崇祯知道国破家亡的时刻到了，为了防止家人受辱，他让妃嫔和女儿们自杀，其中有一个女儿怕死，崇祯亲自用刀去砍她，砍断了她手臂，但她还是跑了。但是崇祯对三个儿子却不是这样的。崇祯一共有七个儿子，其中二子、五子、六子、七子都早殇。

三个儿子分别是太子朱慈烺、三子朱慈炯、四子朱慈照。城破之时，崇祯叫来三个儿子，对他们说："贼军已经攻进来了，你们现在是皇子，以后就是平民百姓了，各自逃命吧！

如果你们活下去，不要忘了社稷父母大仇。”

说完，崇祯就赶他们出宫。这三个皇子出逃后，除了太子被李自成捉住后，其他人都不知所终，就连太子后来也神秘失踪。这三个皇子就像阴魂一直缠绕在清朝统治者的心头。

在多尔衮执政时期，曾经出现过南北太子案。没想到在康熙朝的时候，居然出现了个朱三太子。

这个朱三太子可能是指定王朱慈炯，但是时隔这么久，没有人能证实朱三太子的身份。朝廷曾经多次捉住了“朱三太子”，但也无法辨出真假。

吴三桂起兵造反后，在京城突然出现了朱三太子，这事实上只是一个旗号，这些人聚集在周公直的家中商讨起义事宜。头领是一个叫杨起隆的人，这个人的底细我们不清楚，可能是类似于陈胜吴广那样的人。杨起隆这个人还是比较有胆略的，他利用白莲教为掩护，积极发展起义队伍。

他自称是朱三太子，甚至连年号都提出来了——广德。起义者头裹白巾，腰缠红带，他们约好时间，决定在京城内放火起事。

不过，杨起隆起义的秘密当晚就被人泄露出去。由于官府当夜抓人，情急之下，杨起隆决定立刻起义。起义者拿出刀剑和藤甲，举着火把，开始上街。清军看到了，立即向兵部尚书明珠报告。都统图海率军包围了周府。杨起隆带领义军杀出重围，杀出一条血路后杨起隆身边只剩下六骑，他的妻子马氏被捉住。

皇帝眼皮底下发生这种事情，康熙的愤怒可想而知。为了抓住这个所谓的朱三太子，康熙下令关闭京城九门，进行血腥抓捕。两百多名起义者先后被杀，有人密告杨起隆还没有逃远，还躲在京城。杨起隆这人仿佛有通天之术，康熙始终没有抓到他。时间久了，康熙认为杨起隆已经逃出京城，便下令全国通缉。就在这时，杨起隆又悄悄地回京，贯彻那句最危险的地方就是最安全的地方的箴言。康熙二十二年，杨起隆出现在金玉相的家中。然而，杨起隆非常警惕，他意识到有人告密后，立刻逃离了。官府来了以后，又扑了一场空。

从此以后，再也没有杨起隆的消息，他好像人间蒸发了。

整个三藩动乱期间，朱三太子层出不穷，在陕西一带也捉住了一个朱三太子。这个人自称是杨起隆，原名朱次门。刑部官员把他押到大堂上，让杨起隆的妻子和同伙们辨认，没人认识这个人。后来才知道，这个人不但不是朱三太子，也不是杨起隆，不过是一个八旗逃人，曾经加入杨起隆的队伍，托名造反。

康熙十六年，福建也出现了一个朱三太子，纠集一些海上兵力，个个裹着白头巾，和郑经的军队一起打清兵。康熙十八年，安亲王岳乐在湖南也抓住了一个朱三太子。这个人自称朱慈炯，最后也被认定是冒牌货。

看来乱世之中，许多平民百姓都想过一下太子瘾。

康熙三十八年（1699 年），第三次南巡中，康熙来到明太祖朱元璋的孝陵祭奠。虽然打败了朱元璋的子孙，但康熙对这个铁血帝王还是尊敬的。看到陵墓倾颓，康熙让曹寅等人修葺了孝陵。此行中，康熙感慨道："朕想找到明朝后裔，授予他们职衔，让他们世代守护着祖宗陵墓。"

没人知道康熙这话是不是发自真心，很多人怀疑他是引诱明朝后裔上钩；明朝后裔没有任何反应，没人会冒着生命危险来找康熙要一顶乌纱帽。

就在康熙放弃希望的时候，苏州的李煦给了他一个密折：在浙江发现了一群人打着朱三太子的旗号作乱。康熙让官府行动，抓住了抗清志士张念一。在审问张念一的过程中发现了朱三太子的下落，看来这个张念一终究不是夏明翰，抗清归抗清，志士还称不上。最终，在山东汶上县捉住了朱三太子。

这个朱三太子似乎是真的，根据他自己的交代，他叫朱慈焕，是明朝后裔，崇祯的第五个儿子，曾经落入李自成手中，后来飘零到南方，在老家凤阳投靠了一个姓王的乡绅，然后跟着他姓王。随后，他又出家为僧，以王士元的身份进入浙江余姚县胡家。介绍了自己的出身后，朱三太子反复强调说自己从来都没有跟清廷作对的意思。

朱三太子还说了自己的苦衷，自己一方面要躲避清军的搜捕，另一方面还得躲避那些心怀叵测之人，所谓心怀叵测之人是想借着朱三太子的名号造反的人。

朱慈焕曾经被几拨人拥戴过，但是他很害怕也很为难，所以，他后来就开始东躲西藏，尽量不让这些人找到。由于长期流亡，官府追逼，他的妻妾、女儿和大儿媳都上吊自杀，三个儿子和孙子也进了监狱。他独自逃跑后，化名张用观，到山东汶上县教书。

在这事上，康熙非常狠，让朱慈焕祖孙三代七人进京，然后传明末老太监来辨认，老太监认不出来，康熙认定他为假冒，下令凌迟处死，子孙斩首。

这个人是不是假冒没人知道，但他是个老实本分的人，年纪已经七十五，一再表示要谢清朝三大恩：灭掉流寇，报了父仇；对于我朝子孙，从不杀害；皇帝还赏脸祭奠了太祖陵。可惜，康熙并没有手下留情。

这个朱三太子很有可能是真的，但是真是假，对于清廷似乎并不重要，就像刑部官员说的："朱某虽然没有谋反之事，但未尝没有谋反之心，应该处决，以息混乱。"刑部官员的话说出了统治者的心里话。

康熙六十年（1721年），又出现了朱三太子起义，起义者是台湾的朱一贵，他自称明朝后裔，儿子叫朱三太子。其实，这时候朱三太子早已不是指某个人了，而变成了一种符号，象征老百姓对故明的思念。

直到雍正的时候，还有人自称明朝后裔，准备起义。对此，雍正不无感慨地说："以前改朝换代，前朝的宗姓大多臣服于后朝，即便不臣服，也会退隐山林，隐姓埋名，从来没有像本朝这样，有这么多刁民诈称宗室后代，蛊惑人心借机起事。"

在雍正期间也爆发了好几起朱三太子案，雍正之后，朱三太子才销声匿迹。

第十章　康熙之死与雍正继位

自从康熙死后，雍正一生不住畅春园，死后也不葬在清东陵，好像有意躲避自己的父亲。畅春园是康熙居住和办公的地方，这么好的地方雍正却不要，反而另外拨款修建圆明园，作为自己的办公地点。另外，康熙平生最喜欢去热河避暑山庄，雍正当皇帝后一次都没去过。更让人诧异的是，雍正为自己选定的陵墓远远避开清东陵，选择了数百里以外的京西易县，后人称之为清西陵。这确实让人费解，如果雍正不是十分厌恶自己的父亲，那就是有意要回避什么？

韬晦大师

胤禛的兄弟们个个不是等闲之辈，但是像胤禛这样城府极深胸怀韬晦的确实很少。在他的兄弟们为储位争得头破血流的时候，雍正却冷眼旁观，不动声色。

在漫长的储位争夺战中，雍正从来没有强出头，所以大家都不提防这个人，都没把目光聚焦在这个人身上。

太子二度被废之后，储位争夺更加激烈，胤禛也感到焦虑，这时候他的举动有点不可思议。他完全抛开争权夺利那些烦心事，而是选择礼佛参禅。胤禛这么做是因为他深深地感觉到，争储弄不好会闹出人命来的，还是明哲保身比较好。

这段时间里，胤禛经常朗诵唐伯虎的《一世歌》：

人生七十古来少，前除幼年后除老。中间光景不多时，又有炎霜与烦恼。花前月下得高歌，急需满把金樽倒。世人钱多赚不尽，朝里官多做不了。官大钱多心转忧，落得自家头白早。春夏秋冬捻指间，钟送黄昏鸡报晓。请君细点眼前人，一年一度埋荒草。草里高低多少坟，一年一半无人扫。

也许这首诗的意境跟胤禛这期间的心态很契合，这是一种淡定又超然的心态；在胤禛身上不乏城府，城府加上超然最终让胤禛笑到了最后。

胤禛刚开始的时候是没想当皇帝的，即使在太子第一次被废后，他也没那想法。基于这种心态，在太子争夺战中，他始终抱着局外人的态度，没有非分之想。太子第二次被废后，胤禛的思想发生了动摇。要知道胤禛是四皇子，上面除了太子，就两个哥哥，大哥很快就被关进牢里，比自己年长的只剩下三阿哥了。

胤禛本人能力也不差，如果说没想过太子之位是不太可能的，但大哥的悲惨遭遇让他明白，觊觎太子之位是一件非常危险的事情。胤禛的心腹戴铎曾给他写了一封信：

当此君臣利害之关，终身荣辱之际，奴才虽一言而死，亦可以报知遇于万一也。谨据奴才之见，为我主子陈之：

皇上有天纵之资，诚为不世出之主，诸王当未定之日，各有不并立之心……我主子天性仁孝，皇上前毫无所疵，其诸王阿哥之中，俱当以大度包容，使有才者不为忌，无才者以为靠……

戴铎极力怂恿胤禛加入争储行列，认为这是关系荣辱的最重要关头，康熙虽然是个圣明的皇帝，但是心中对太子人选始终没有定夺。诸王钩心斗角，有不并立之心，也就是说如果其他人当上了太子，小心将来受损啊！接着，戴铎夸赞胤禛德才兼备，深得人心。总之，一句话，一定要把握这个千载难逢的机会。

为了帮助胤禛夺储成功，戴铎给他提出了三个重要的建议：第一，搞好父子关系和兄弟关系；第二，搞好跟朝廷官员的关系；第三，培养人马，收拢人心，壮大自己的实力。

戴铎对胤禛真是忠心耿耿，他还说道："庸众的父子关系好处，但是英明的父亲难相处啊！兄弟少，手足之情好处，兄弟多了，关系不好处！为啥呢？跟英明的父亲相处，如果你不展现自己的优点，恐怕会被他嫌弃，如果过于展现自己的长处，又会让他心里不舒服，猜忌你。兄弟多了，各有各的爱好，各有各的想法，彼此之间争强好胜，互相攀比，也不好相处。"

怎么处理好这些错综复杂的关系呢？戴铎给出了四字箴言：孝、诚、和、忍。只有这样才能左右逢源，各方不得罪。

胤禛是怎么回复的呢？我们不妨摘录下来：

语言虽则金石，与我分中无用。我若有此心，断不如此行履也。况亦大苦之事，避之不能，尚有希图之举乎？至于君臣利害之关，终身荣辱之际，全不在此，无祸无福，至终保任。汝但为我放心，凡此等居心语言，切不可动，慎之，慎之。

从胤禛的回答中，可以看出他城府之深。他首先肯定戴铎的话是为自己好，说的话也是金玉良言，但是却对自己毫无用处，因为自己根本没有争储之心，如果有争储之心的话，早就不是这么样了。胤禛还说继承皇位是一件非常辛苦的事情，躲都来不及，又怎么会去争呢？至于君臣的利害关系，个人的荣辱跟这个毫无关系，无祸无福就是人生最大的福气。从胤禛后面的两个“慎之”可以看出，他并不是不想，而是这种事得非常谨慎，天知地知，你知我知就行了。

自此以后，胤禛就开始秘密结党营私，一方面处心积虑网络人才，另一方面又要避免被康熙发觉，竭力给人中正的感觉。

事实上，自从激发了对皇位的兴趣，胤禛的野心越来越大了，但他从不表露出来。康熙五十五年（1716 年），戴铎被派往福建担任知府，戴铎相当于胤禛的私人密探，他把自己知道的一切全都用密信的方式告诉胤禛。

其中，有一次戴铎告诉胤禛，他在武夷山看到一个奇异的道人，戴铎想为主子祈福问卦，道人测了一个万字，万是福气多多的意思，跟胤禛的名字以真祈福正好应合。胤禛听了非常愉悦，认为自己离皇位又进了一步。

康熙晚年曾经召抱病在老家的李光地回京商量建储大事，康熙问李光地谁比较适合，李光地诚恳地说：“众皇子之中，八王最为贤明。”戴铎立刻反唇相讥：“八王性格懦弱，比不上四爷德才兼备，恩威并济。”

胤禛虽然对康熙服侍得挺周到，但康熙好像始终跟他隔着一道墙一样，很长时间他都没有把这个儿子跟太子之位联系在一起。胤禛曾经为废太子说话，还让人拿下废太子身上的锁链，给康熙留下了仁慈的印象。康熙病重的时候，胤禛亲自端药送水，比其他阿哥表现得要真诚殷勤。

后来康熙封他为亲王的时候，他还表示想降低自己的爵位，以便和其他阿哥们平等。这种行为虽然作秀，但很容易引起其他地位较低的阿哥们的好感，也容易让康熙赏识。

胤禛在处理兄弟关系上也很有一套，他很清楚众阿哥们私下里斗得死去活来，甚至到了以命相搏的地步。但他装作什么都不知道，依旧跟所有阿哥正常往来。

在当时的众阿哥当中，处理关系方面只有八阿哥胤禩跟胤禛有得一比，但是胤禩的城府和韬晦不及胤禛。

胤禛能够登上帝位也不是偶然的。

权谋之路

内外妥帖之后，胤禛开始紧锣密鼓地拉拢人才，在胤禛的集团里文有戴铎，武有年羹尧。此外，还有湖广提督魏经国、副都统常赉、商州知州沈廷正、武会元金昆，等等。

尽管阵容已经很庞大了，胤禛还想拉拢更多的人。大学士马尔哈齐给胤禛介绍礼部侍郎蔡珽，胤禛召他来见。蔡珽以大学士不便去王府为借口拒绝。后来，胤禛又让年羹尧亲自去请，蔡珽还是不来。后来，蔡珽在热河行宫陪康熙，刚巧胤禛也在。胤禛再次让年羹尧的儿子年熙去请他，蔡珽这次再也不好意思拒绝了。

从这件事中可以看出，胤禛为了拉拢人才，不惜大费周章，可见其志不小。而对于管理属下，胤禛也很有一套。

年羹尧是他面前的红人，官也做得顺风顺水，有段时间忽然不那么恭敬了，在给他的信中没有自称奴才，而是自称官职。胤禛很生气，他听说三阿哥和十四阿哥也在拉拢年羹尧，便大骂年羹尧是恶少，甚至抓住年羹尧给自己信中写的话，其中有："今日之不负皇上，即异日之不负王爷也。"胤禛吓唬年羹尧，光凭"异日"这两个字，我就可以告得你抄家灭门。胤禛当然不会把这些信抖搂出来，如果抖搂出来，自己也会跟着年羹尧一起遭殃。

对于亲信戴铎，胤禛的脾气也不是很好，经常责骂他，怕他变心，恩威并施，控制艺术把握得炉火纯青。

在权谋之路上，胤禛不停地笼络着各种各样的人才，隆科多就是一个典型的例子。隆科多是步军统领兼理藩院尚书，是国舅佟国维的儿子。其实，隆科多跟胤禛的关系更近，因为胤禛的养母是佟佳氏（佟国维之女孝懿仁皇后），但他以前隶属于八阿哥党，从这点可以看出，八阿哥真是个不容小觑的人物。

后来，八阿哥胤禩彻底没戏了，隆科多加入胤禛的阵营，胤禛的皇位之路越来越宽了。

胤禛还有一个铁杆支持者——十三阿哥胤祥。胤祥自己是没有希望的，他把宝全部押在四哥身上，成为胤禛小集团里一个举足轻重的人物。

到了康熙暮年的时候，在众多阿哥中，胤禛的势力已是最庞大的，门下掌握军政大权的人遍布四方，朝中也大有人在。其他阿哥的势力明显不如他，三阿哥虽然跟康熙关系比较近，但是势力太小；八阿哥以前是竞争对手，随着这些年来康熙的打压，已经成不了多大的气候。还有一个十四阿哥，据说康熙非常宠爱他，但十四阿哥在外面带兵，有一定的兵权，却对政治不是十分熟悉，党羽也不是很多。

经过多年的经营，四阿哥胤禛已经是独占鳌头了。

胤禛不是那种讨人喜欢的人，但他通过自己一点一滴的努力，终于博得康熙的好感和信赖。在晚年，康熙与胤禛的交往日渐频繁，大大小小的事情都很放心地交给这个儿子。胤禛也确实有办事能力，做事果断，手腕灵活。就拿佟国纲的儿子鄂伦岱和胤禩结党一事来说，康熙就很不满，常常抱怨说鄂伦岱以皇亲国戚自居，不尊重长辈，甚至在皇帝面前都敢顶撞。当时胤禛就骂道："这种乱臣贼子，如果交给儿臣，儿臣一定会立即诛杀。"

康熙是个重亲情和孝道的人，他没拿鄂伦岱怎么样。但是雍正当皇帝后，没有饶了鄂伦岱，他揪住鄂伦岱在乾清宫里面随地大小便的事情小题大做，说鄂伦岱对皇家不尊重，即行处死。

胤禛在办事这块比康熙更较真，更具责任心。

二废太子后，康熙让胤禛审问太子党的重要人物，步军统领托合齐。康熙五十二年（1713 年），顺治的淑惠妃去世，康熙发现办理丧事的人很不负责，做事潦草，便让胤禛去查办此事。胤禛接到任务后，立即对工部和光禄寺进行彻查，对一些办事不力贪污受贿的官员进行了惩办。

康熙五十四年（1715 年），策妄阿拉布坦又犯上作乱，康熙询问胤祉和胤禛要不要出兵，胤禛主张出兵，时人认为他是想获得军权，自己担任抚远大将军。也许康熙也是这样认为的，所以让十四阿哥胤祯带兵，胤祯跟胤禛是亲兄弟。但因为这事，他们兄弟心里埋下了怨恨。

康熙五十六年（1717 年），明朝十三陵被盗，康熙让胤祉和胤禛去调查，并祭拜。同年，孝惠皇太后去世，康熙病重，丧事交给胤祉和胤禛两人处理。

康熙六十年（1721 年），举行六十年登基大典庆祝，胤禛被派到盛京祭拜祖陵。这么大的事，康熙本想亲自去，但由于身体不好，就委托胤禛去做。胤禛回来后，又祭奠太庙。冬至的时候，胤禛又代表康熙祭天。从这些事情可以看出，康熙是把胤禛当成继承人来培养的。

康熙六十一年（1722 年）十月，距离康熙驾崩还有一个月，通仓和京仓亏空的事情泄露，康熙派遣胤祉和胤禛去调查。通过这次实际的调查，胤禛掌握了国家经济内部的第一手资料，他看到貌似繁荣的康熙王朝内部千疮百孔，外面金光闪闪，里面却腐朽不堪。当时，胤禛意识到，如果不改变这种情况，国家会继续亏空下去。胤禛上台后，立即着手清查亏欠，追查那些烂账。

通往帝王之路是一步步走出来的，只要走得踏实，哪怕一开始并不是皇帝心目中的最佳人选，最终也会凭借实力得到各方的青睐和支持。

康熙之死，雍正继位

晚年，康熙颁布了一道谕旨，回顾自己的一生。

康熙在谕旨里大意这样说："我年轻的时候，身体相当好，极少生病。时间过得真快啊，转眼我已经快七十了，在位近六十年。从黄帝开始，到现在已经有四千多年了，这期间，至少有三百多个皇帝，在这些皇帝中，我可能是在位时间最长的（后来，康熙的孙子乾隆本来可以在位时间超过康熙，考虑到康熙的谕旨，做到六十年时他禅位于嘉庆，这也是孝道的一种体现）……"

康熙继续说："古代有很多帝王短命而死，后来的史学家和文人总是喜欢讽刺这些人，说这些人纵欲无度，所以早死。就连一些英明的皇帝，他们也要鸡蛋挑骨头，把人家说得一无是处。这些人真是不了解情况，其实很多帝王之所以早死是因为国事繁重，他们多数人是累死的……这世上没有几个人能长命百岁，很多帝王都很忌讳死字，搞到最后，连个遗诏都没机会写。对此，我丝毫不忌讳，人总是要死的，江山注定要移交给下一代，这些我都知道……我在位这么长时间，享有天下最尊贵的地位，是天下最富贵的人，对君位弃若敝屣，荣华富贵不过是过眼云烟。我唯一的希望就是，经过我多年的经营，天下能够太平无事……”

康熙晚年深受病痛折磨，但即便如此，他也没有公开继承人是谁。随着年纪越来越大，康熙反而更加渴望过一种有生机的生活，越是晚年，他越是喜欢打猎。虽然他无法拉弓，无法策马奔腾，但他会欣赏别人打猎，呼吸沙漠草原上的粗犷之气，感受生命的原始滋味。

康熙六十一年（1722 年）十月，天气特别寒冷，冬天已经早早降临了紫禁城。在皇宫之中，康熙情绪烦躁，来回走动，像个不安分的顽童。康熙感到一种难言的孤独和寂寞，是的，没人能化解的寂寞。他忽然决定出去，透透气，散散心。

康熙决定去南苑打猎，走到城外，看到一望无际的平原，康熙心里顿感舒畅很多。但是，走着走着，康熙忽然感到身体很不舒服，好像这充满生命力的大自然不欢迎自己一样，康熙有一种眩晕的感觉，接着就不省人事了。

十一月初七，康熙的身体稍微好转，回到畅春园休息。到了十三日，病情再次加重。从康熙发病到驾崩才一周的时间，人们或许会想，康熙是不是得了什么大病？

康熙是在行猎的途中染病的，当时正值冬天，寒风萧萧，冰雪飘零。康熙本就是一个老年人，还是个身体不好的老年人，偏要喜欢强撑着，表示“老当益壮”，在路上着了凉，染上了风寒。说来也不是什么大不了的病，也就是感冒而已，但对于一个暮年人来说，病来如山倒，小病也可以夺人性命。

病中，康熙并不认为自己这次会有生命危险，他跟一般人的想法是一样的，感冒是小病，想当年自己金戈铁马，难道这点感冒还能要了自己的命？

因为康熙的病情加重，便让胤禛代他举行祭天大礼。这些日子胤禛跟他走得特别近，胤禛很重视这次祭天大礼，所以每天都斋戒，对父亲也很关心，一天要去问安几次。每次康熙都说：“朕身体好了点儿。”

也许正因为在康熙最后的日子里，胤禛陪伴在父亲身边，所以外人才怀疑他篡位。从康熙后来交给他一些重大的任务来看，雍正应该不是夺嫡篡位。只不过康熙生前没有立储，临终留下口谕难以服众，尤其是其他的一些阿哥，心里更是不服，所以雍正夺嫡这个流言才流传开来。

十三日凌晨，康熙病情突然加重，他感到自己快不行了，立即让人召胤禛进宫。胤禛当时可能在城外办事，其他的阿哥们都到齐了，他还没来。上午九点多胤禛才赶到畅春园。这天康熙召见了胤禛三次，两人肯定是谈了一些话，但历史没有记载，我们也无法知道。

当天晚上七点到九点之间，康熙就轰然驾崩，离开了这个他无比眷恋的人间，只可惜他真的无法再活五百年。

我们一定很好奇，胤禛又是怎么样当上皇帝的呢？

有这么一个说法，胤禛在到达畅春园之前，康熙已经召集了众阿哥和理藩院尚书隆科多到床前，对他们说："皇四子胤禛人品贵重，深肖朕躬，必能克承大统，着继朕登基，即皇帝位。"

这个记载出现在雍正编纂的《大义觉迷录》中，其他的书都是参照雍正的这个版本，由于是自说自话，难免会让人怀疑其真实性。

但是根据胤禛的记载，他是从隆科多口中得知这个消息的，这就让人迷糊了。因为胤禛来了之后，还跟康熙密谈过很多次，没有理由这么重大的消息是从隆科多口中得知，像这么重大的事情，康熙当然会当面告诉胤禛，开诚布公让大家都知道。

真实的情况可能是康熙生前并没有指定任何继承人，但是留下了遗诏，遗诏指定的继承人是胤禛。作为一个垂死的老人，是不希望看到在自己弥留之际儿子们还愤愤不平为皇位吵得死去活来的，那么谁还有心思理会将死的父亲呢？所以，秘密建储制度的真正发明权应该归康熙，雍正只不过是把父亲的产品改进升级了一下。

如果是这样，雍正为什么又要捏造事实说在自己没来之前父亲就当众宣布自己为继承人呢？其实，他这样做只是为了表明自己是正统的合法的，没有任何弄虚作假。在雍正期间，质疑他篡位的言论相当多，他编出这段情节也可以理解。

雍正继位后，和大臣们商议康熙的庙号，最后确定为圣祖。圣是表彰康熙的仁德，祖是表彰他的功绩，只有功绩相当大的皇帝才能称祖，连皇太极这么厉害的皇帝都只得了个太宗庙号。当时，雍正为了表示自己的孝心，持针刺破中指，用血写出了“圣祖”二字。

康熙的陵墓又叫景陵，在顺治的孝陵东南约两里的地方。景陵曾两次被盗，一次是军阀孙殿英为了解决军费问题盗取清东陵，景陵是其中之一。第二次是抗日战争刚结束不久，一群土匪把魔爪伸向了清东陵。景陵被盗之后，没有经过清理，导致墓穴内积水，一代明君康熙的尸骨泡在积水中，情何以堪。

康熙之死和雍正继位是清史的一大疑案。社会上流传着一种说法，说康熙是被雍正毒死的，雍正在给康熙进人参汤的时候，放了毒药，再加上民间传言雍正喜欢跟江湖奇人来往，这个说法似乎有点可信。意大利传教士马国贤对此有过记载，并做出了自己的判断：“那天晚上，就皇帝号呼之声不安之状来看，即使没有人下毒，也肯定是突然发生了什么变故。”一些清史学者也提出了雍正继位是宫廷政变的说法。

雍正下毒，可能性也不是没有，这是从人性最阴暗的一面来揣测的。但雍正没有太大的必要这么做，就算他毫无人性，纯粹从利害角度也没必要。康熙是重病在身，活不了几天，你还要毒死他，就这么等不及吗？再说，雍正处理朝政已久，势力非同小可，就算康熙不想立他，他依然可以做到自立。

这就涉及第二个疑点：雍正是不是篡改了遗诏？

当时有人传言说康熙本来想传位于十四阿哥，结果雍正把十字改成了于，就变成了传位于四阿哥。这个说法仔细一推敲就发现漏洞百出。在清朝，书写皇子的名字的时候前面必须加一个皇字。如果康熙真想传位十四阿哥的话，也是这样写：传位皇十四子。雍正改过来就是：传位皇于四子。语句不通，而且清朝写“于”一般不是用这个字，而是用“於”。而且，朝廷诏书，尤其是继位这种大事肯定是用满汉两种语言书写的，你改得了汉文诏书，改得了满文诏书吗？所以，说雍正篡改遗诏也不太可信。

之所以有那么多人相信雍正篡位，跟雍正后来古怪的性格也有关系。自从康熙死后，雍正一生不住畅春园，死后也不葬在清东陵，好像有意躲避自己的父亲。畅春园是康熙居住和办公的地方，这么好的地方雍正却不要，反而另外拨款修建圆明园，作为自己的办公地点。另外，康熙平生最喜欢去热河避暑山庄，雍正当皇帝后一次都没去过。更让人诧异的是，雍正为自己选定的陵墓远远避开清东陵，选择了数百里以外的京西易县，后人称之为清西陵。这确实让人费解，如果雍正不是十分厌恶自己的父亲，那就是有意要回避什么？

而且雍正是相信鬼神的，他这么做很容易让人怀疑他篡位后，没脸在地下见自己的父亲。如何解释雍正“生不住畅春园，死不葬清东陵”呢？说实话，还没有找到非常完美的解释。当然，也有可能是雍正想走出康熙大帝的影子。

但仅凭雍正的这些行为和习惯就判定他篡位，明显证据不足。康熙晚年的一系列举措就是在给雍正铺路，他还有必要篡位吗？而且，后来的事实也证明雍正确实是一个不错的皇帝，在有的方面甚至超过了康熙。

非常有意思的是，雍正葬在清西陵以后，给自己的儿子乾隆出了一个难题：百年后是陪父亲呢，还是陪爷爷？乾隆很为难，最后想出了个折中之策，规定隔代葬一陵。乾隆跟康熙隔一代，所以就跟康熙葬在东陵，嘉庆跟雍正隔一代，就跟着雍正葬西陵。

整个康熙王朝就这样结束了。在王朝灿烂的背后潜藏着腐败的种子，雍正跟康熙的性格完全不同，跟他的儿子乾隆也脾气迥异。在中国历代帝王中，雍正是一个特立独行的人，同时也是非常神秘的一个皇帝。

他的知名度不亚于父亲康熙和儿子乾隆，但名声却不太好，在下一本书中我们将走近这个神秘的帝王。

清朝皇帝列表

（清建国于1616年，初称后金，1636年始改国号为清，1644年入关。）

姓名	庙号	年号	年份	陵墓
爱新觉罗·努尔哈赤	太祖	天命	1616	福陵
爱新觉罗·皇太极	太宗	天聪　崇德	1627　1636	昭陵
爱新觉罗·福临	世祖	顺治	1644	孝陵
爱新觉罗·玄烨	圣祖	康熙	1662	景陵
爱新觉罗·胤禛	世宗	雍正	1723	泰陵
爱新觉罗·弘历	高宗	乾隆	1736	裕陵
爱新觉罗·颙琰	仁宗	嘉庆	1796	昌陵
爱新觉罗·旻宁	宣宗	道光	1821	慕陵
爱新觉罗·奕詝	文宗	咸丰	1851	定陵
爱新觉罗·载淳	穆宗	同治	1862	惠陵
爱新觉罗·载湉	德宗	光绪	1875	崇陵
爱新觉罗·溥仪		宣统	1909	华龙陵园

图书在版编目(CIP)数据

这才是清朝. 3，康熙大帝 / 鹿鼎公子著. —2版
. —北京：中国法制出版社，2023.6
ISBN 978-7-5216-2910-1

Ⅰ. ①这…　Ⅱ. ①鹿…　Ⅲ. ①中国历史—清代—通俗读物　Ⅳ. ①K249.09

中国版本图书馆CIP数据核字（2022）第173580号

策划编辑：胡　艺（ngaihu@gmail.com）
责任编辑：胡　艺　　封面设计：汪要军

这才是清朝 . 3，康熙大帝
ZHE CAI SHI QINGCHAO. 3, KANGXI DADI

著者 / 鹿鼎公子
经销 / 新华书店
印刷 / 三河市国英印务有限公司
开本 / 880毫米 × 1230毫米　32开　　印张 / 8　字数 / 163千
版次 / 2023年6月第2版　　2023年6月第1次印刷

中国法制出版社出版
书号ISBN 978-7-5216-2910-1　　定价：39.80元

北京市西城区西便门西里甲16号西便门办公区
邮政编码：100053　　传真：010-63141600
网址：http://www.zgfzs.com　　**编辑部电话：**010-63141817
市场营销部电话：010-63141612　　**印务部电话：**010-63141606
（如有印装质量问题，请与本社印务部联系。）